Illustrations courtesy of the British Library, London

Compiled by Palatino Press
www.palatinopress.com

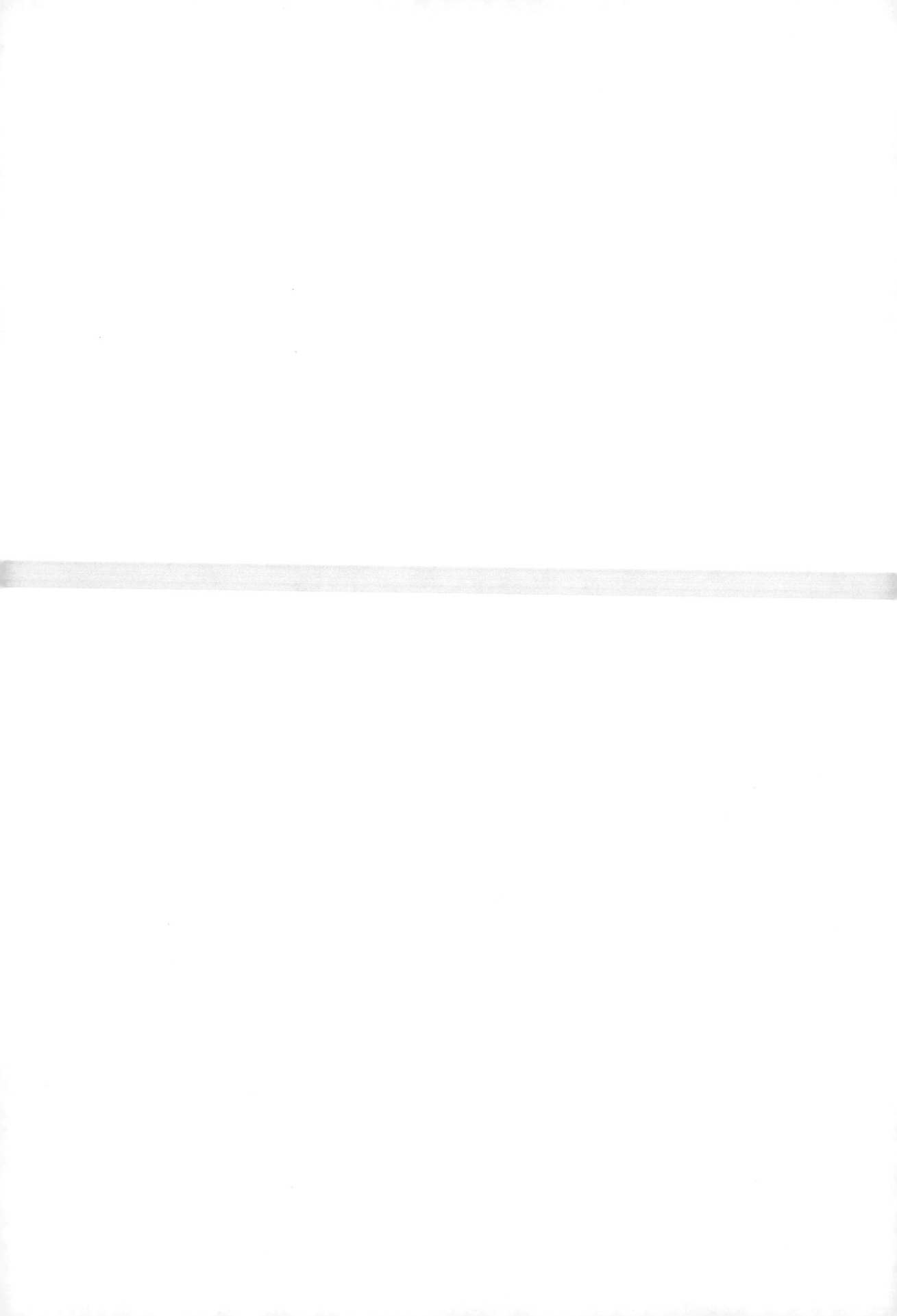

THE ART OF THE
DURÁN CODEX

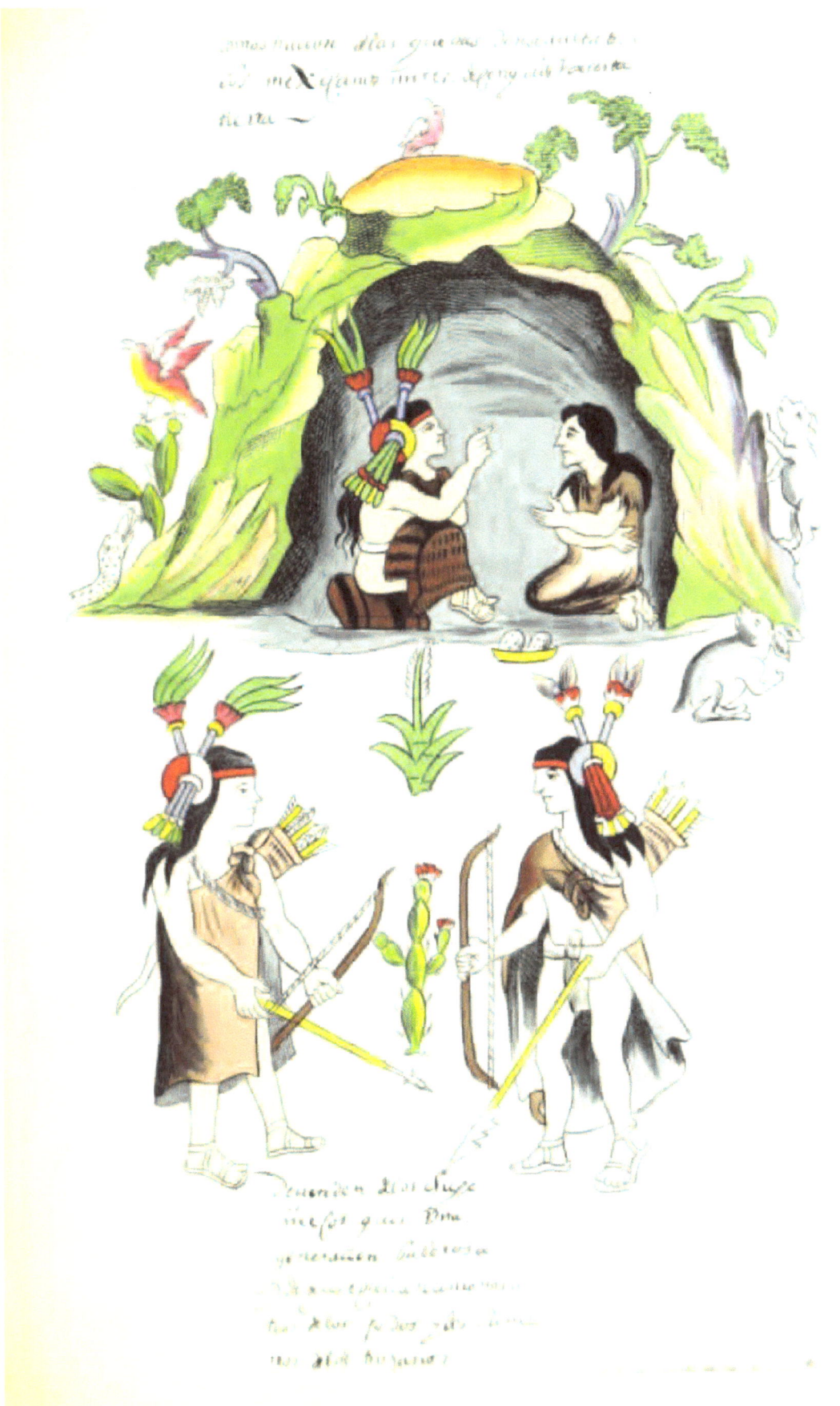

CAP.º 1º

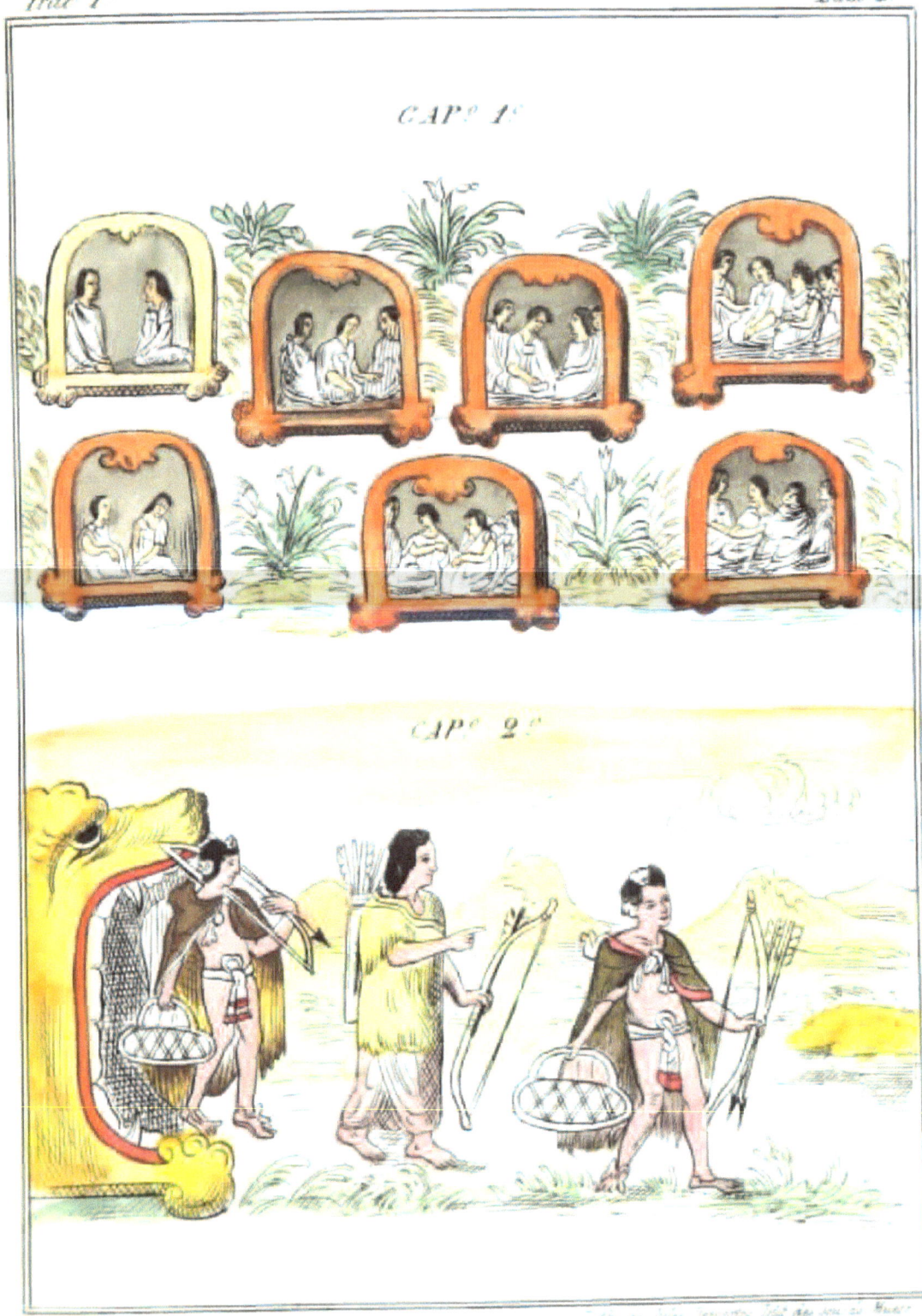

CAP.º 2.º

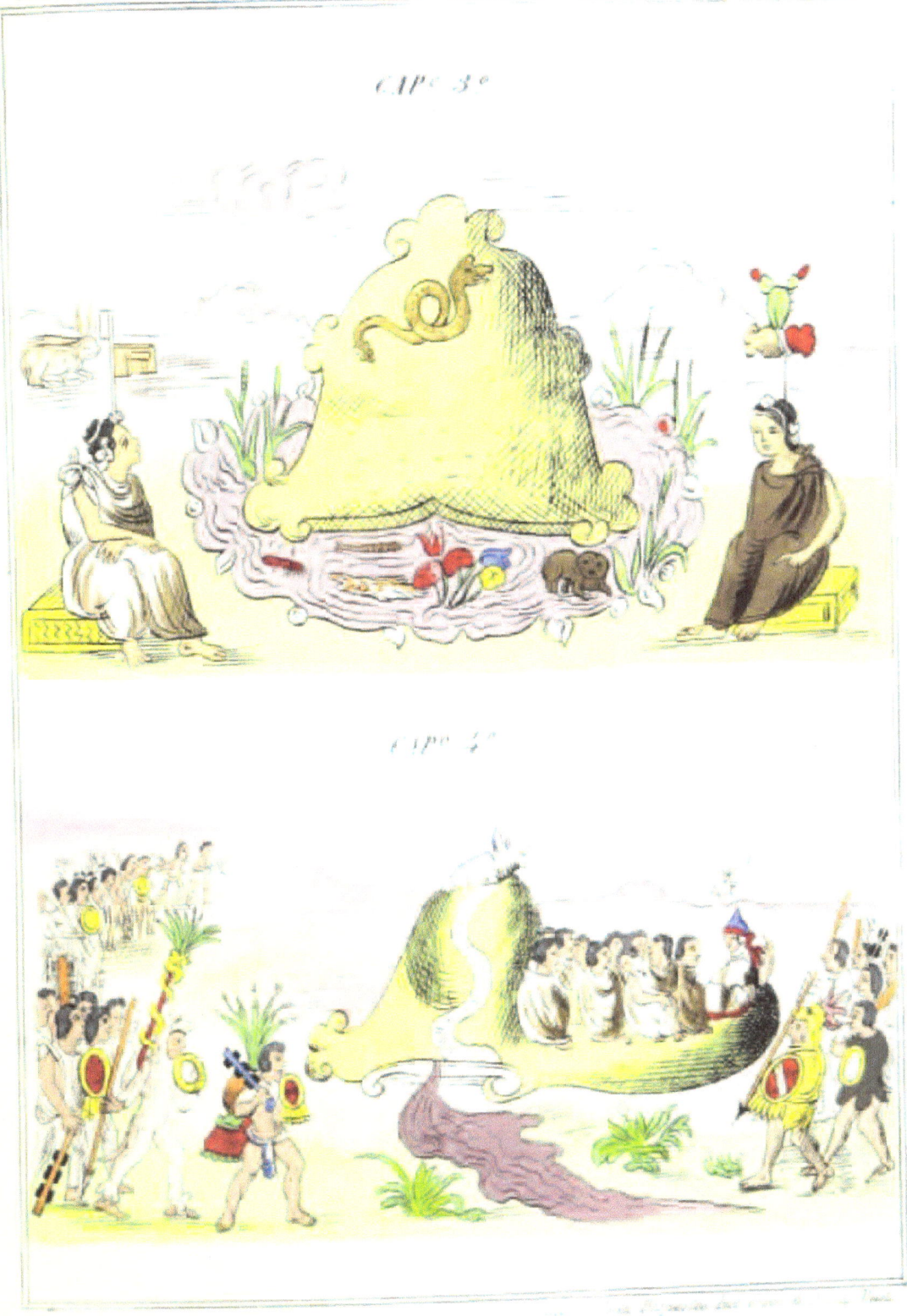

CAP.° 5.°

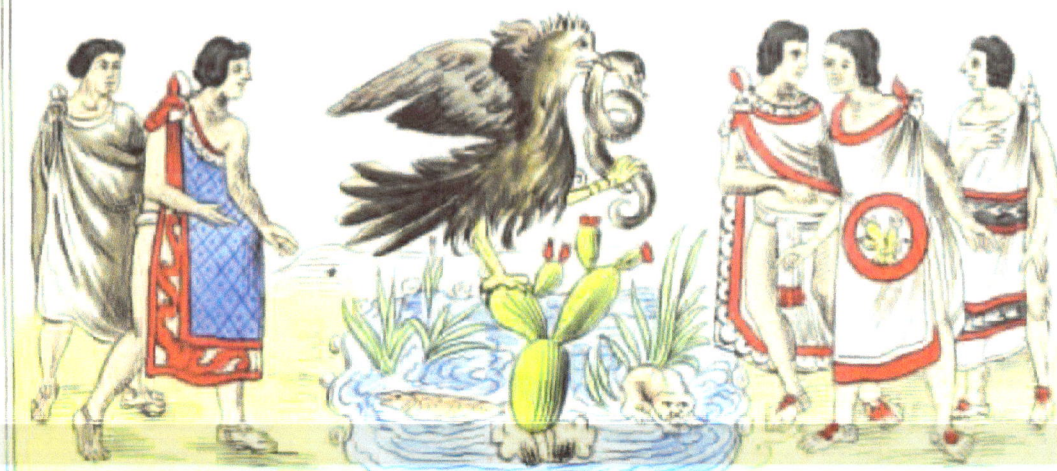

CAP.° 6.°

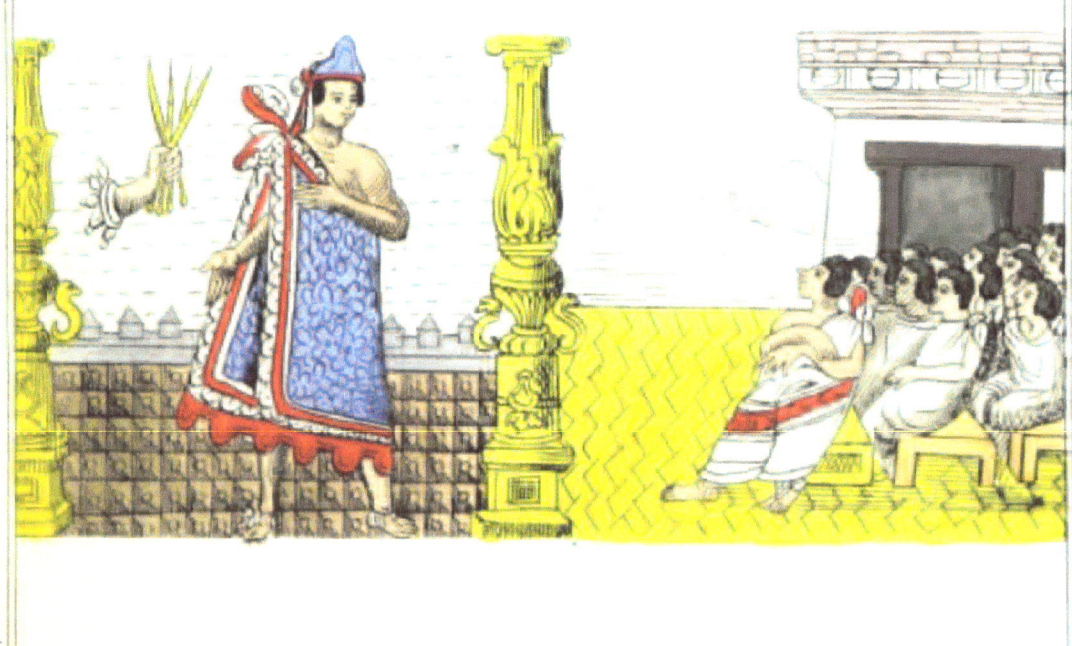

CAP.° 7.°

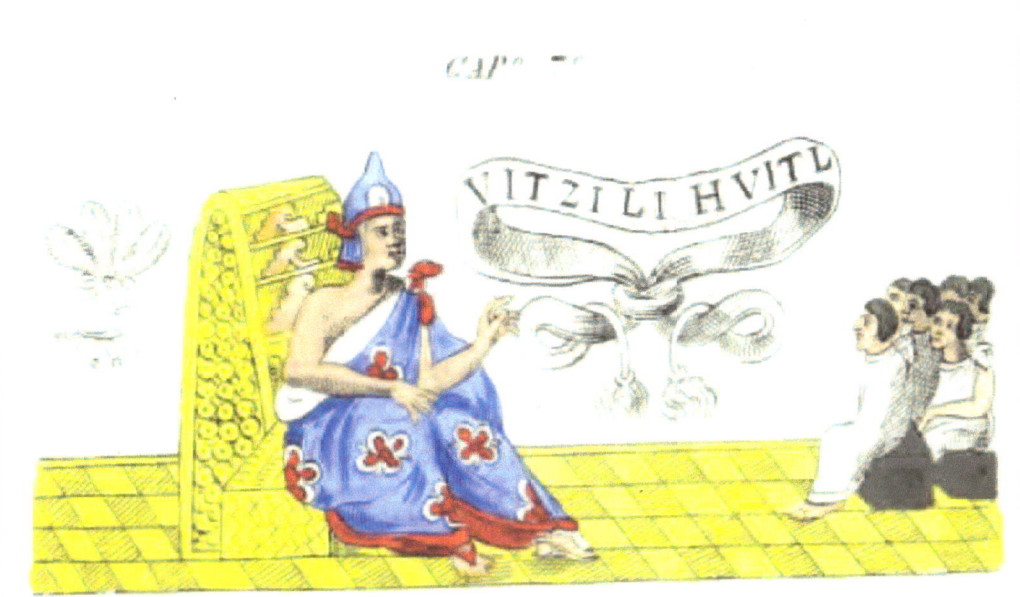

VITZILI HVITL

CAP.° 8.°

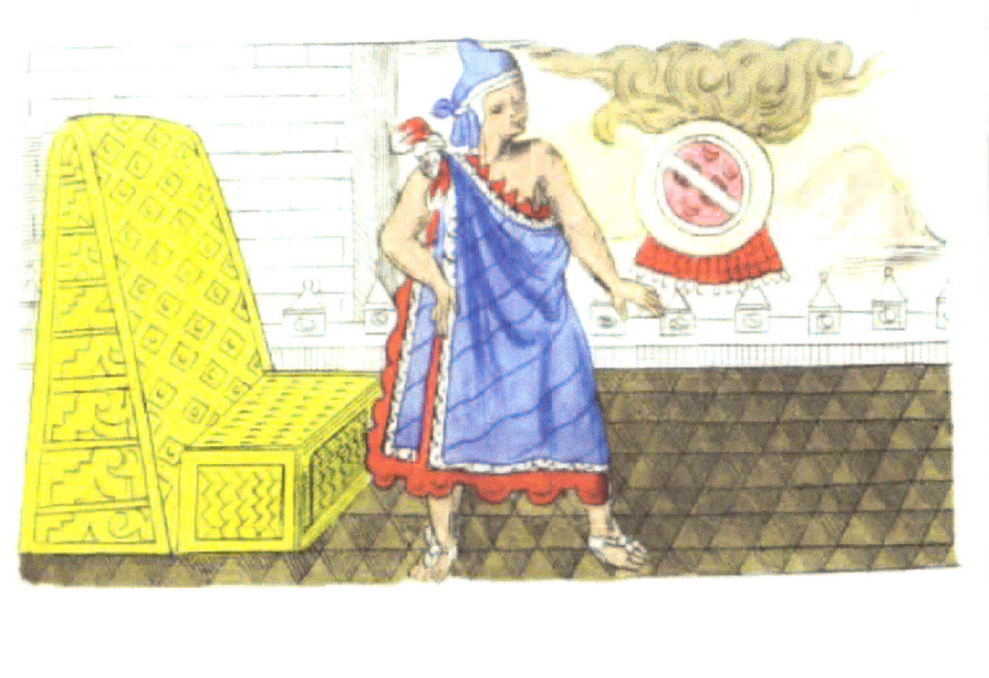

CAP.º 12.º

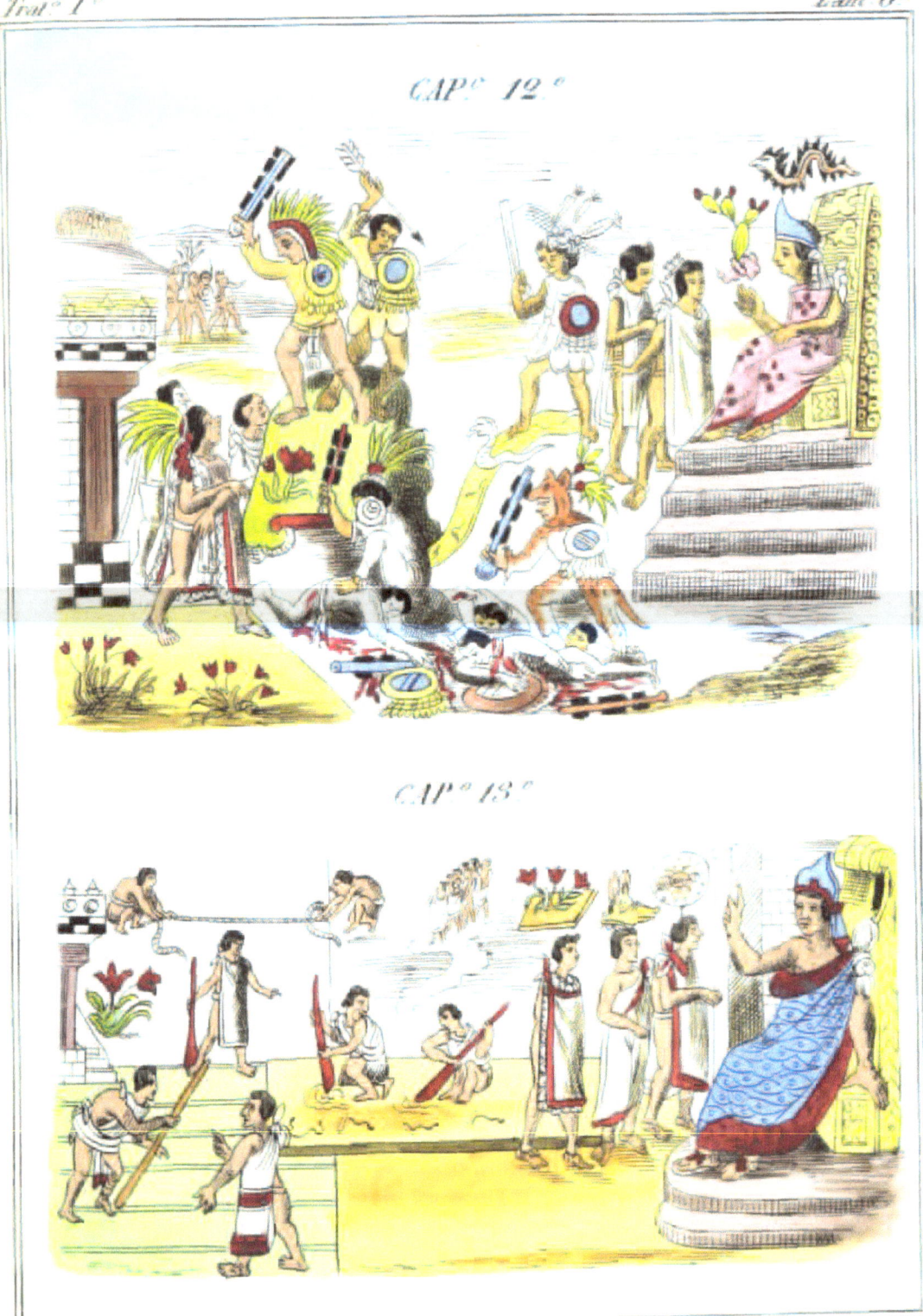

CAP.º 13.º

CAP.º 14.º

CAP.º 15.º

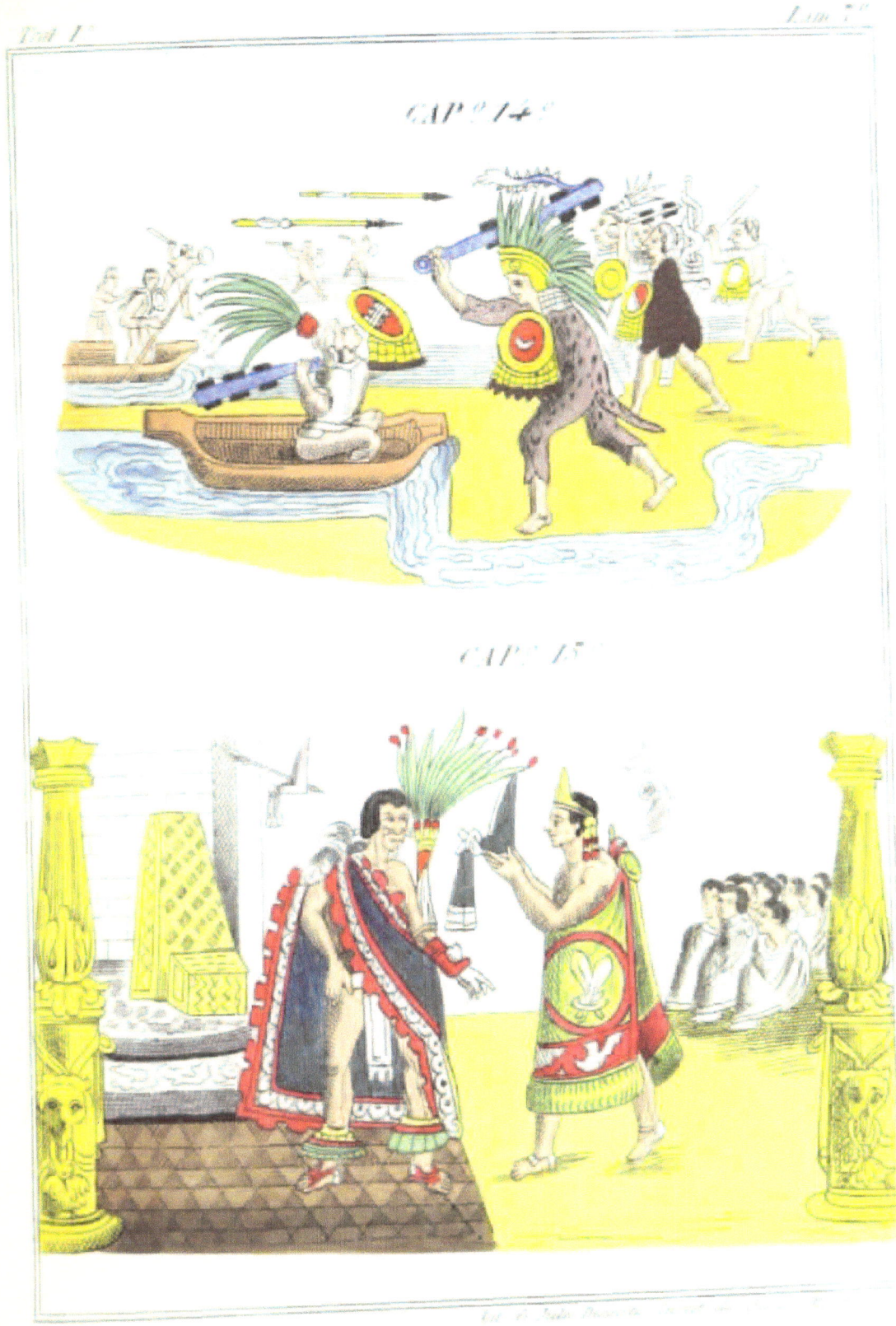

CAP.º 17.º

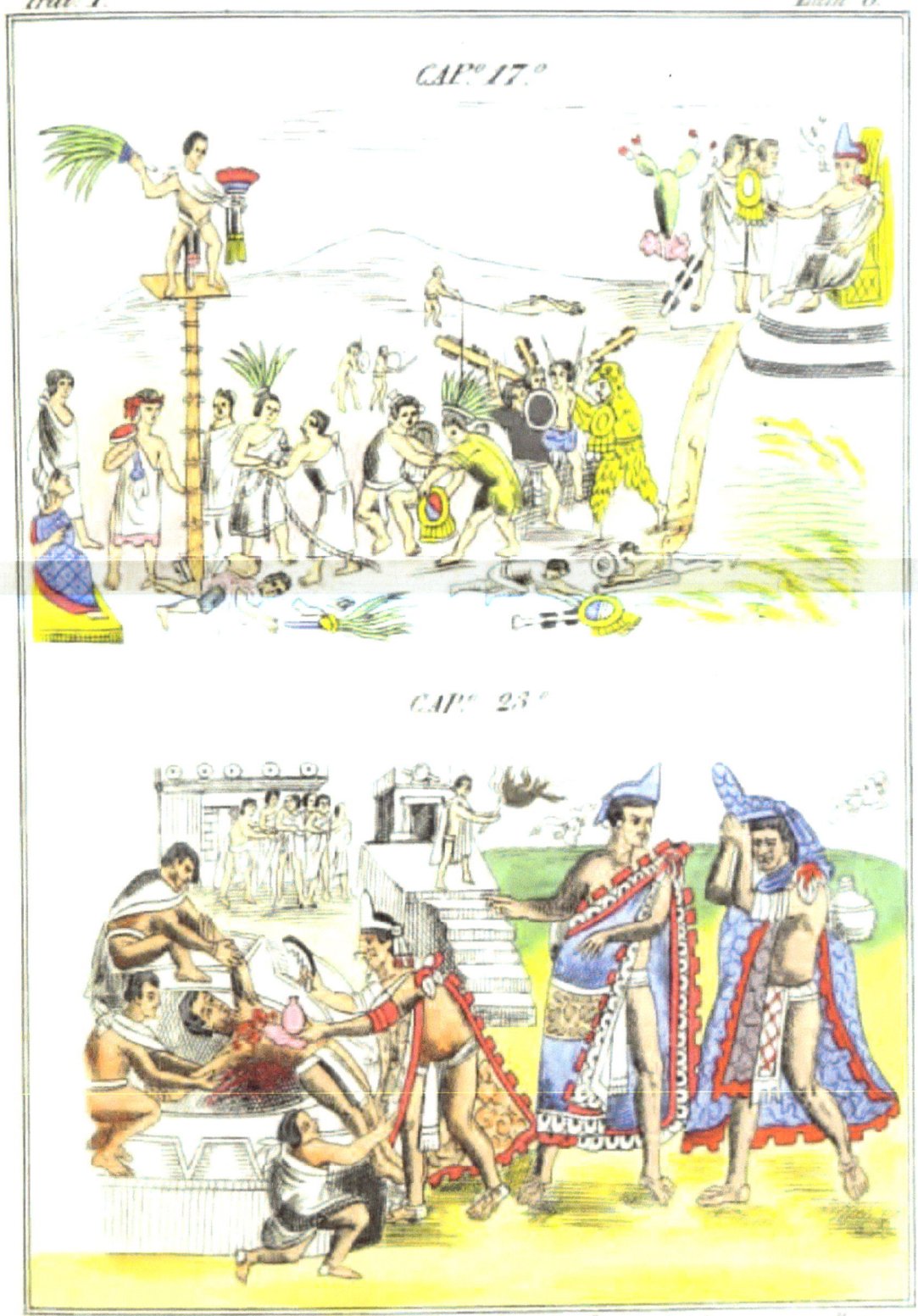

CAP.º 23.º

CAP° 30.°

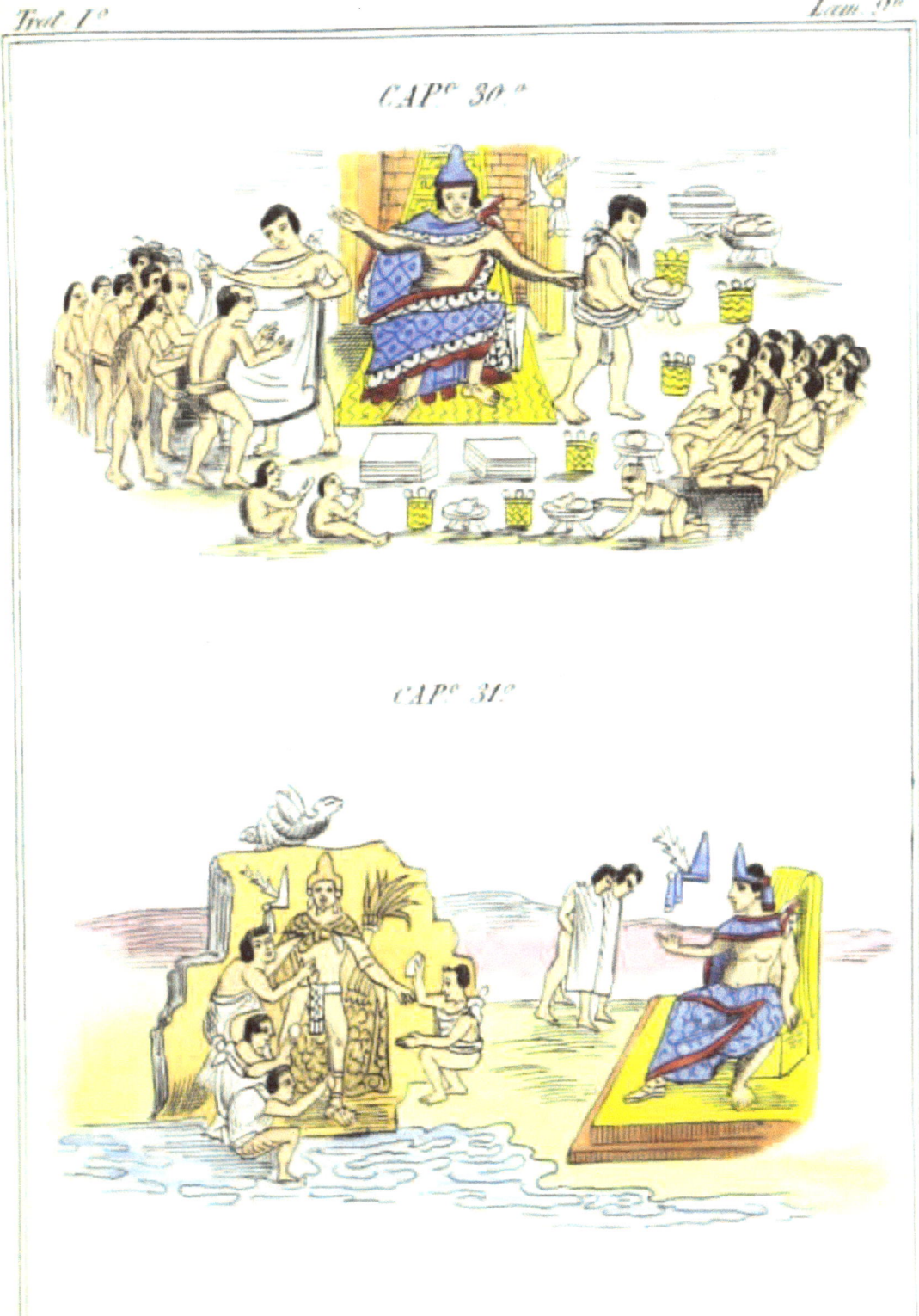

CAP° 31.°

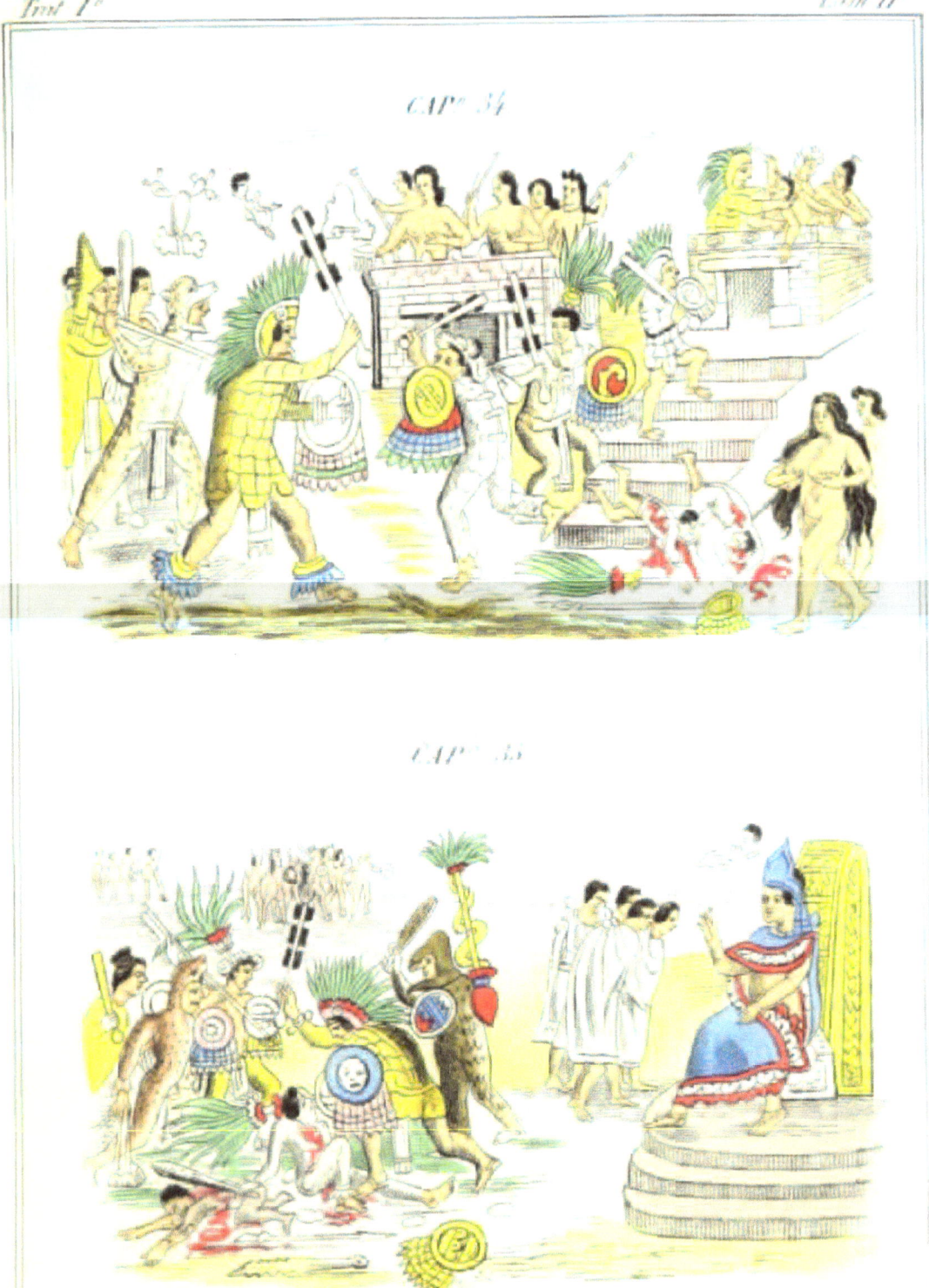

CAP. 36.°

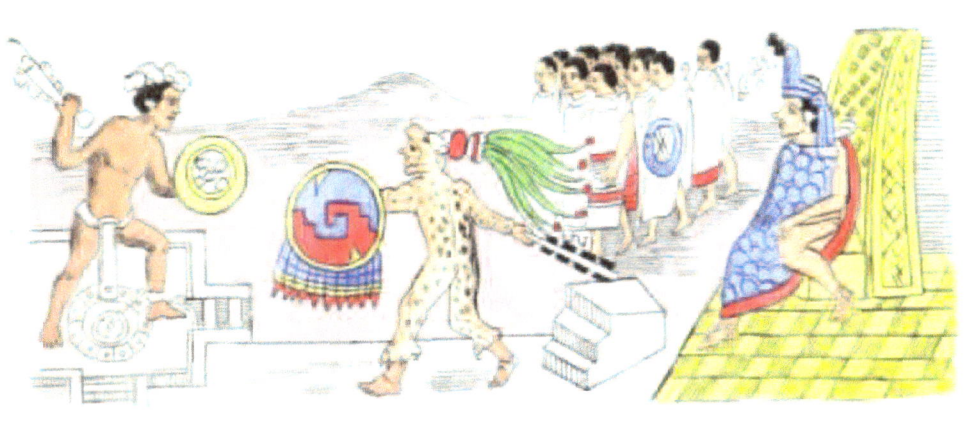

CAP. 38.°

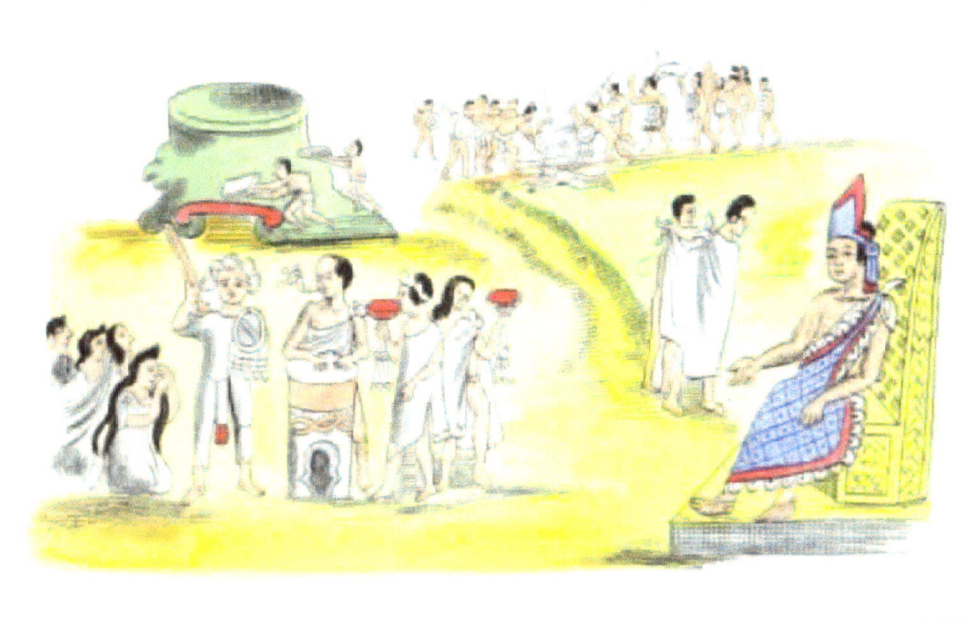

15

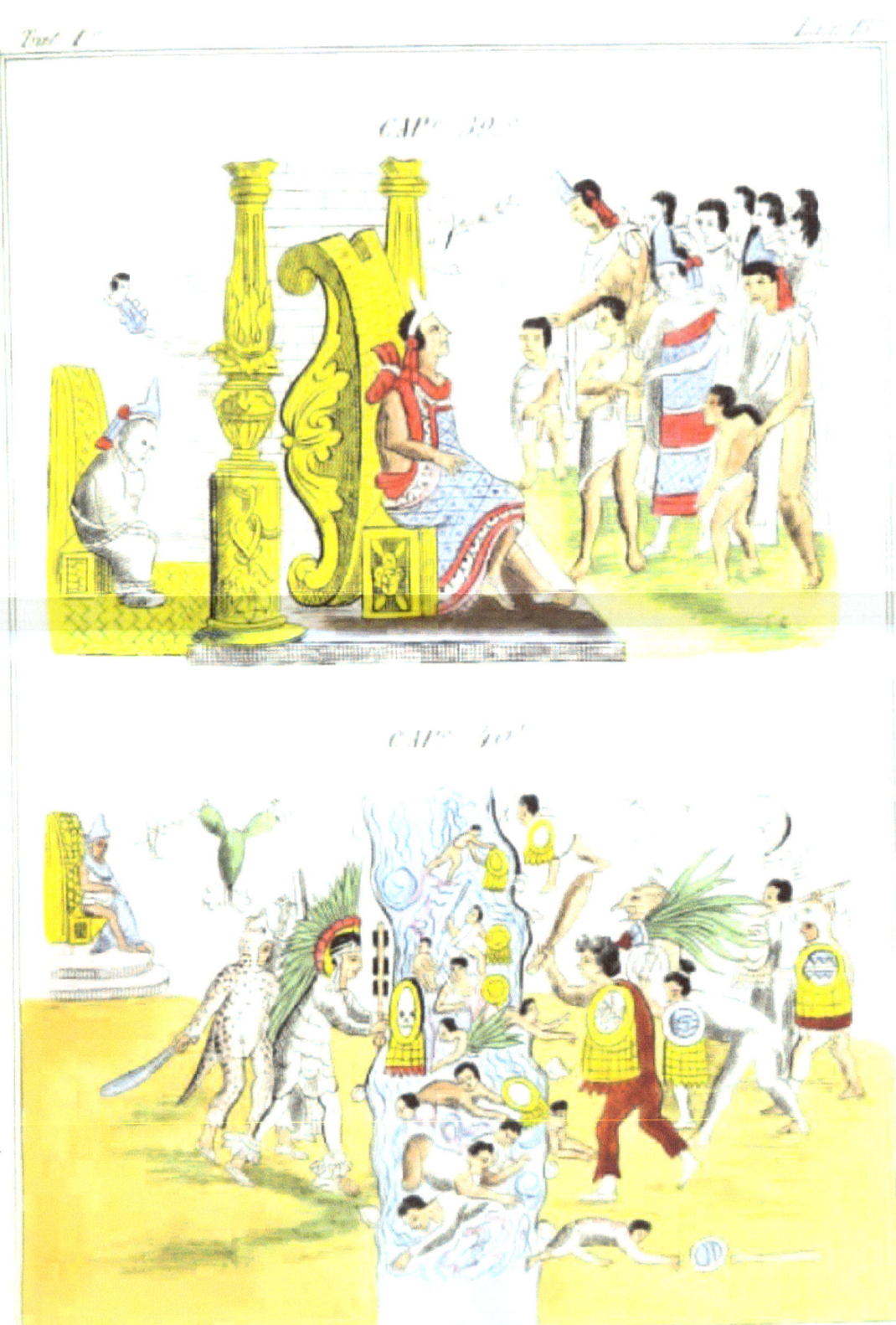

CAP.º 41.º

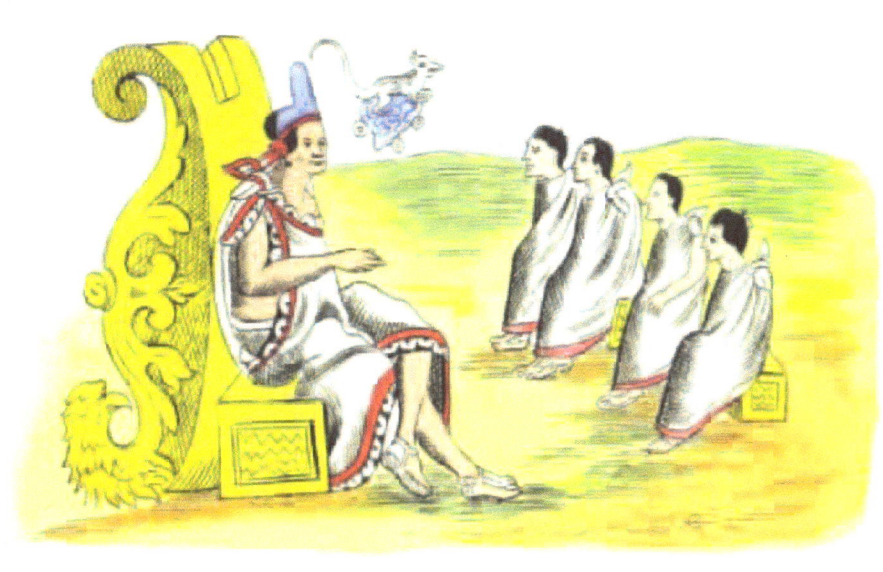

CAP.º 43.º

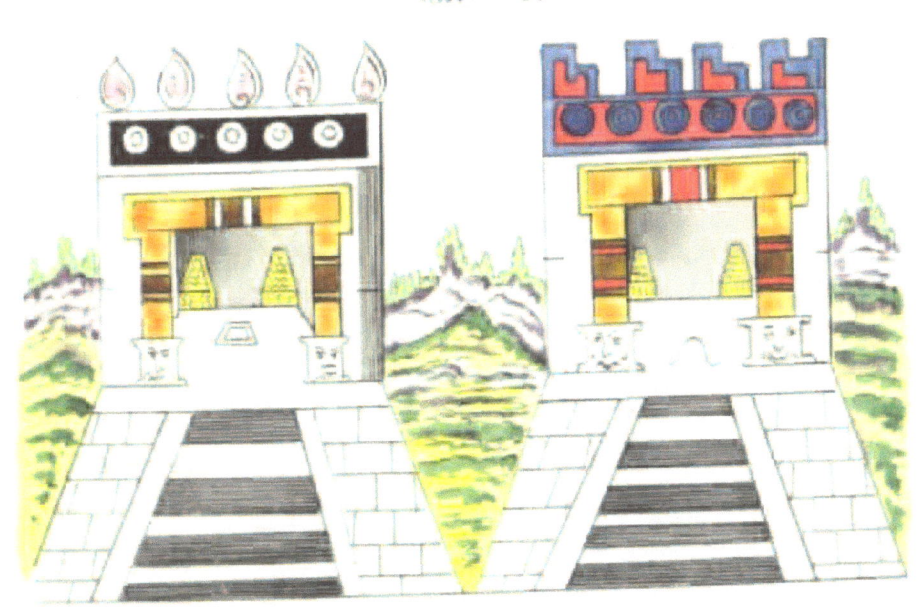

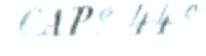

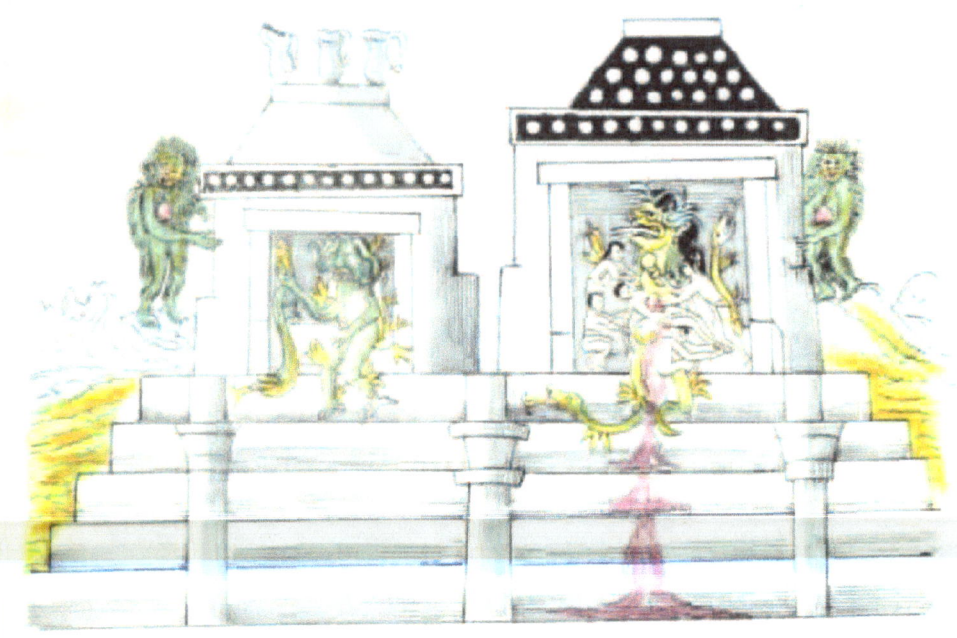

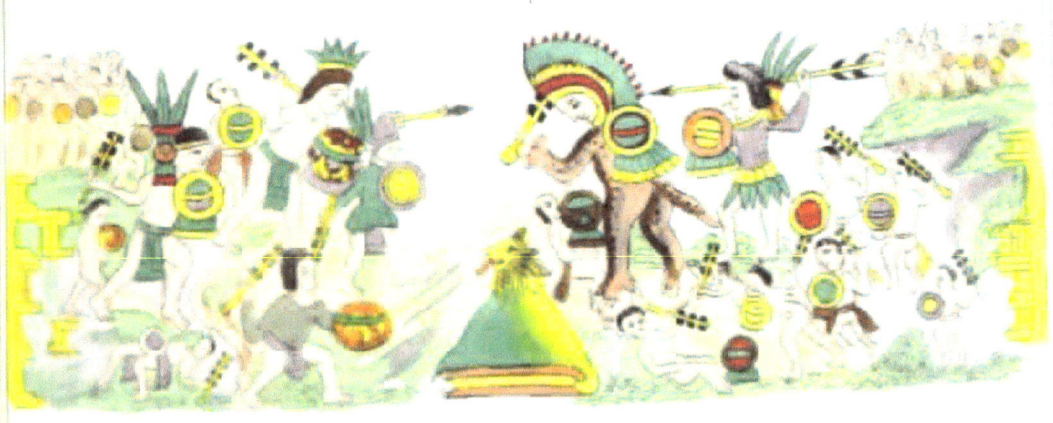

18

CAP° 47°

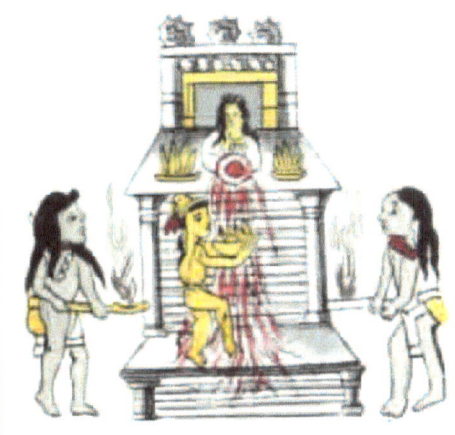 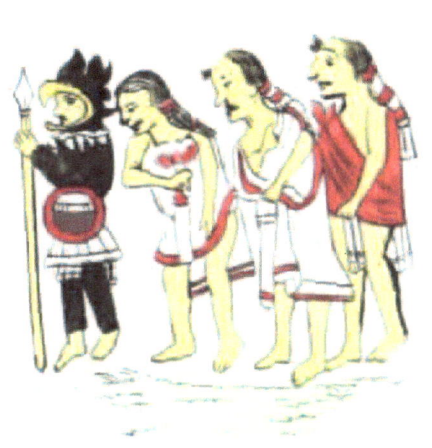

CAP° 48°

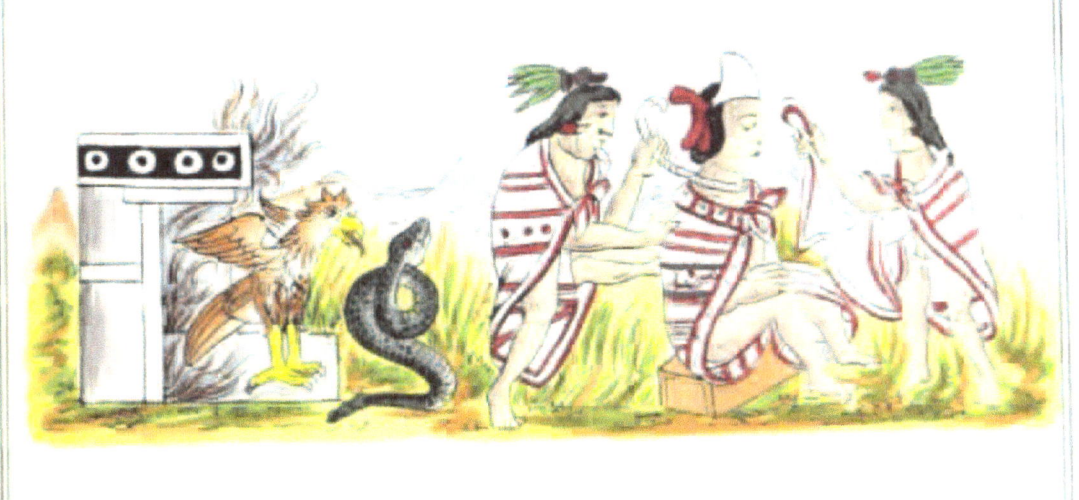

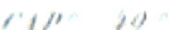

CAP. 49.

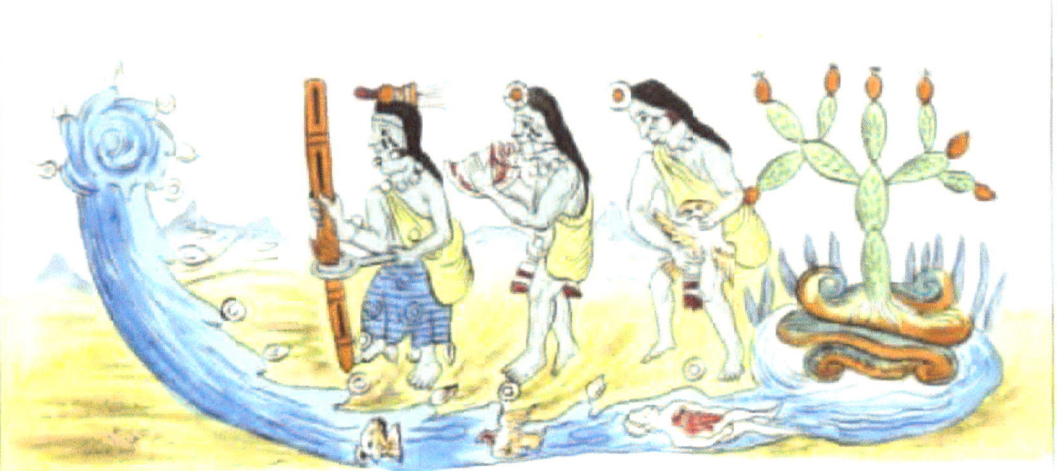

CAP. 50.

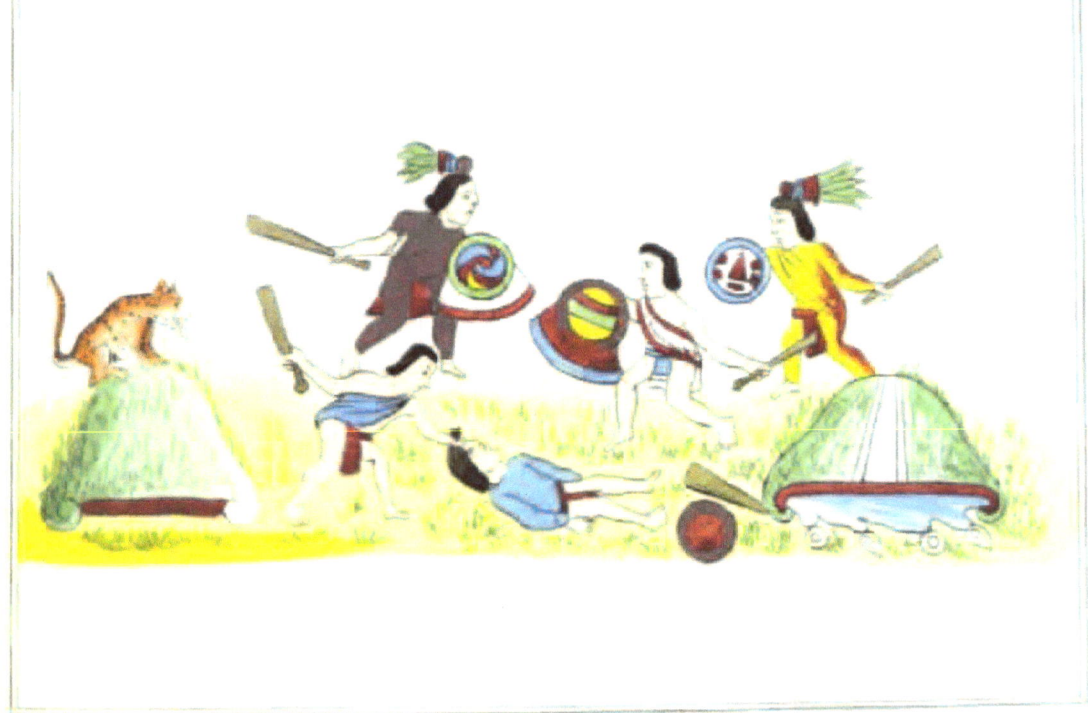

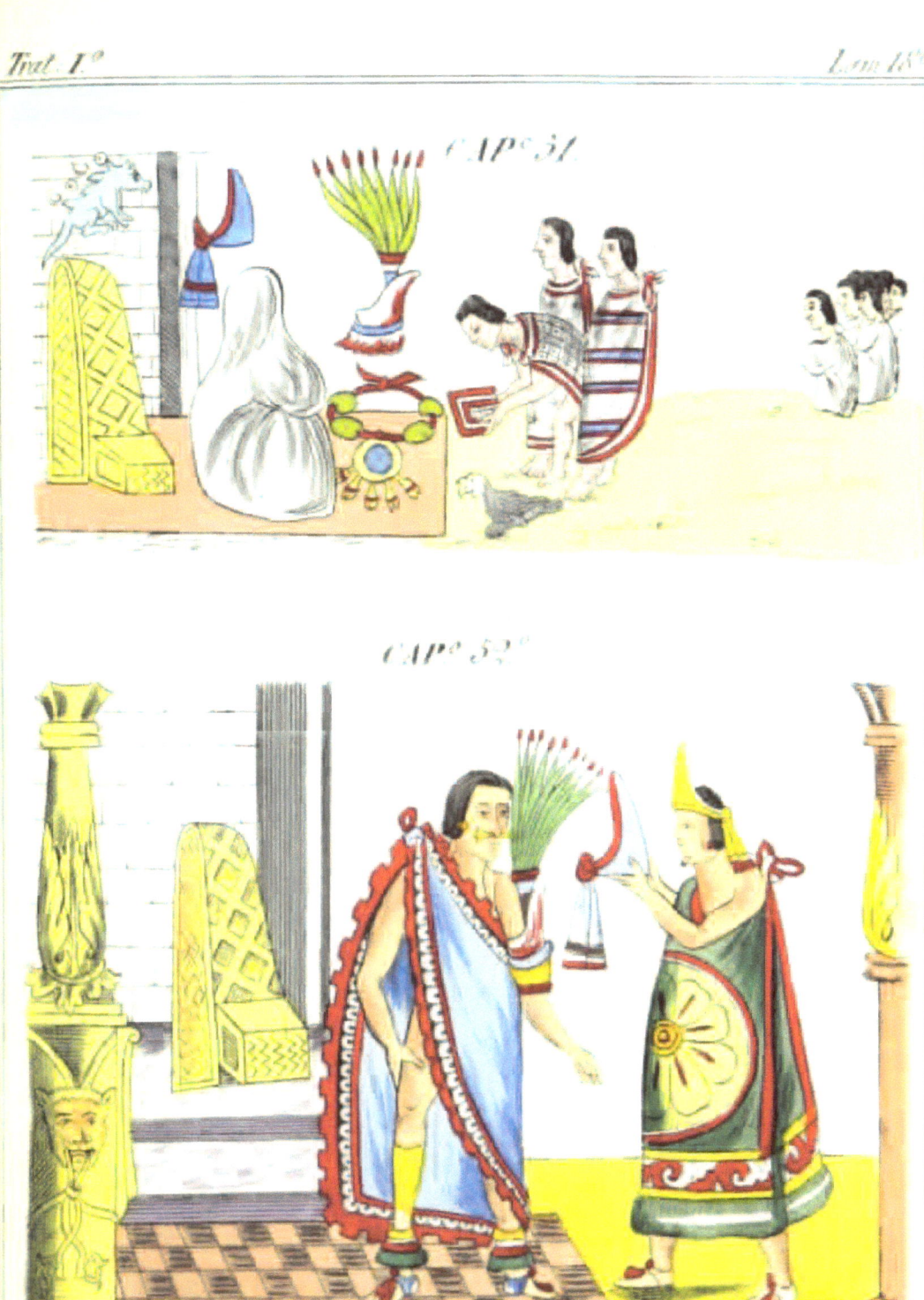

CAP° 31.

CAP° 32°

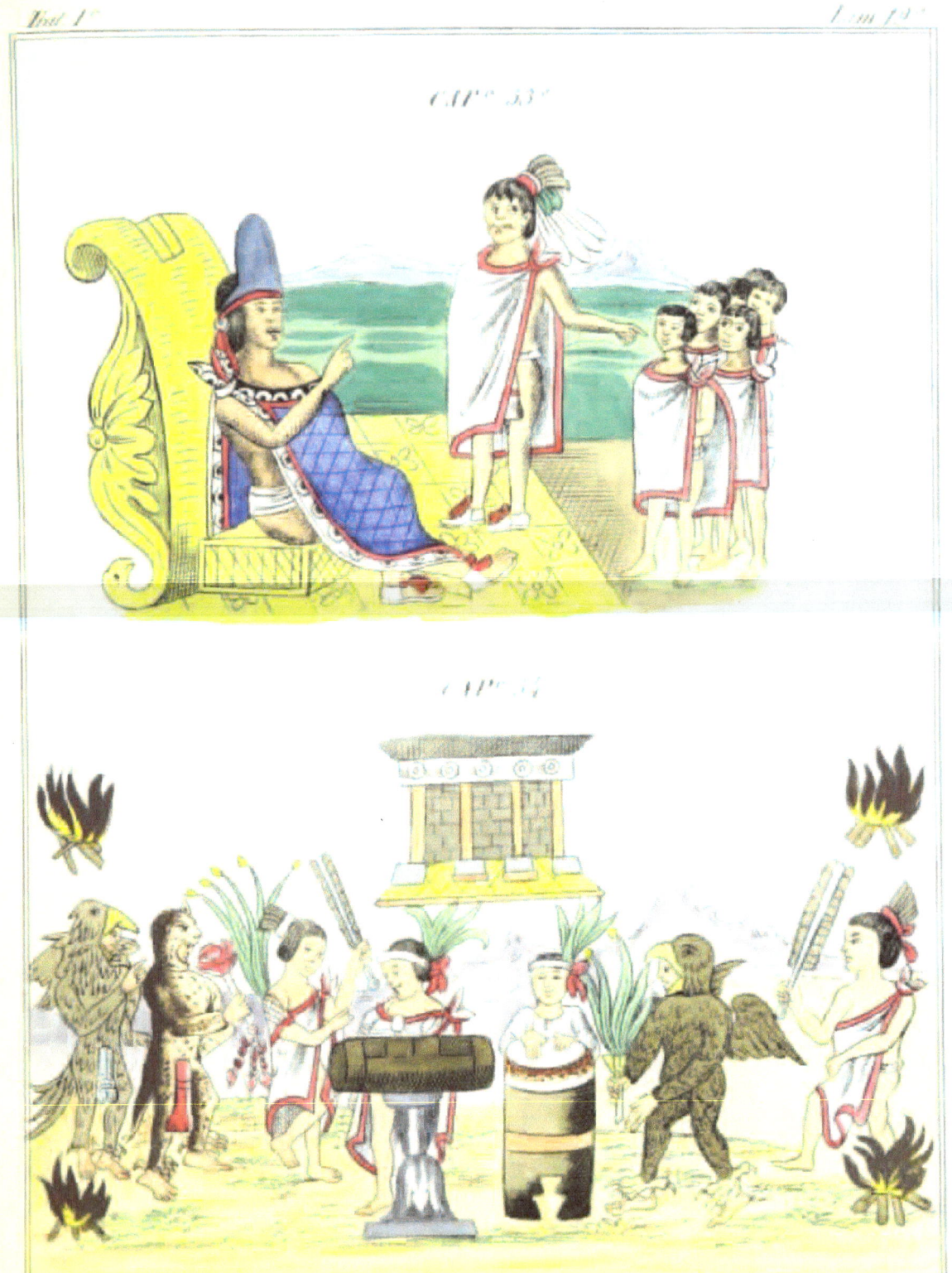

CAP° 55°

CAP° 56°

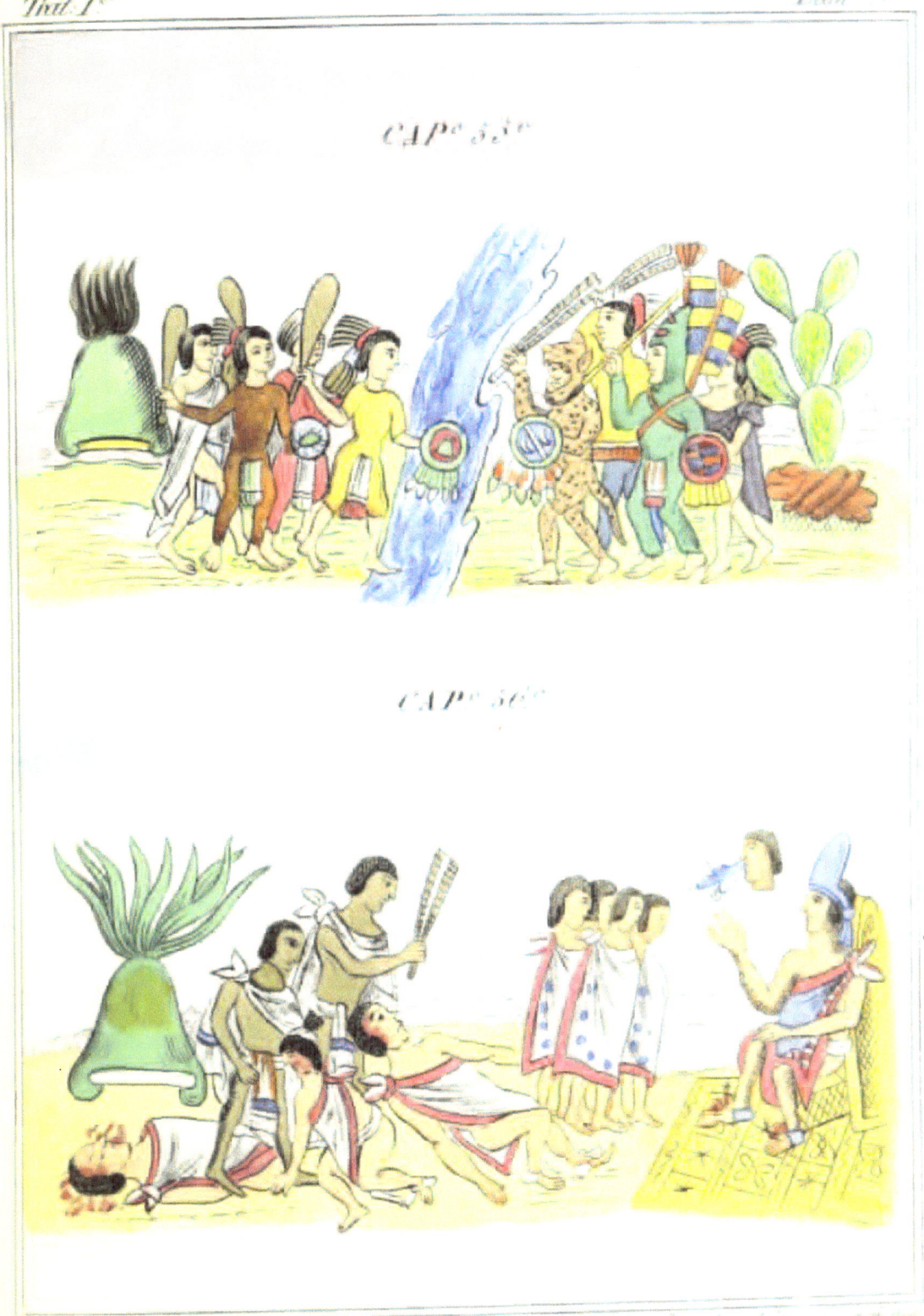

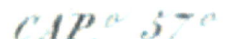

CAP.° 57.°

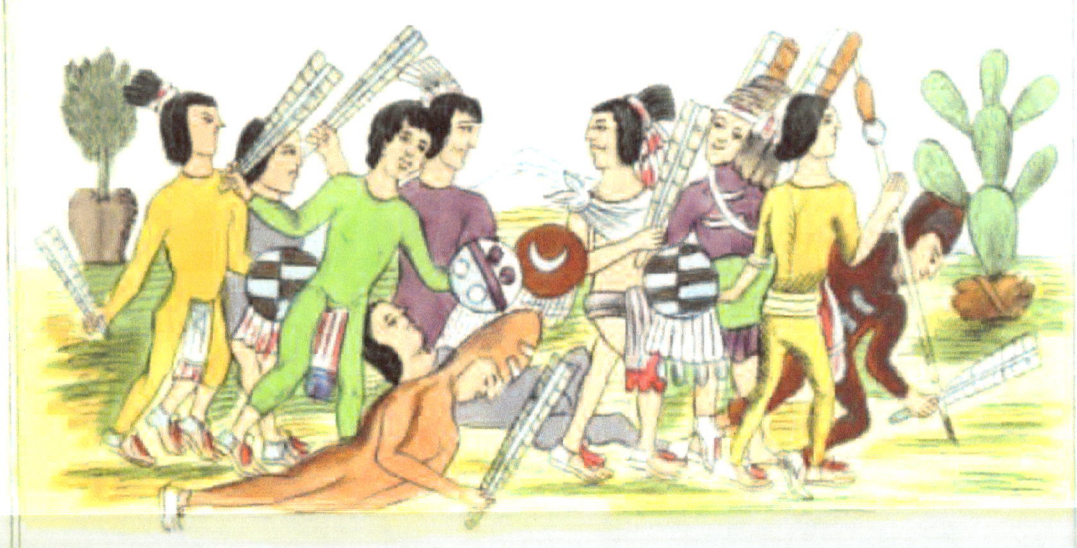

CAP.° 58.°

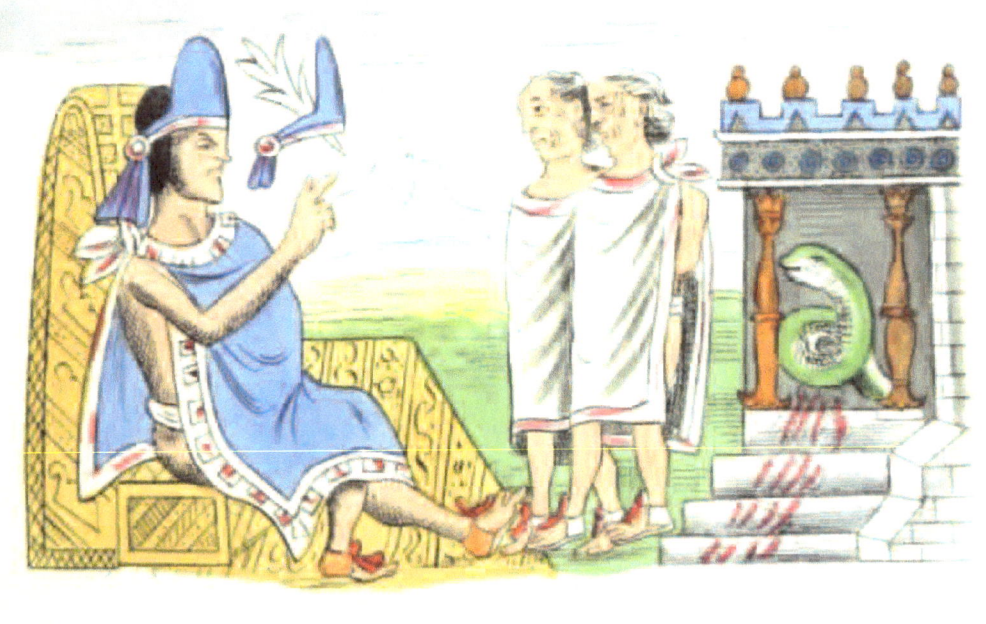

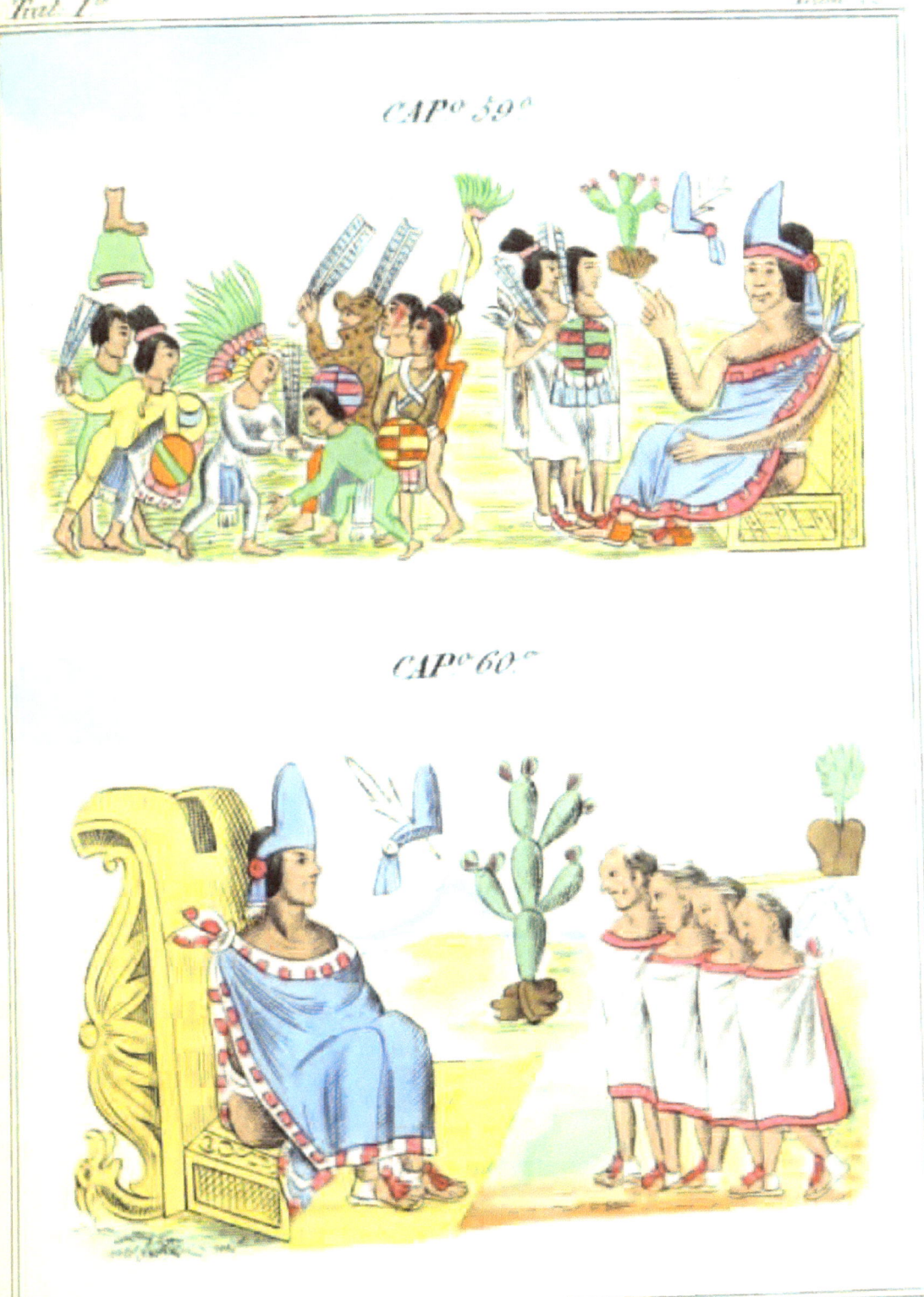

CAP.º 59.º

CAP.º 60.º

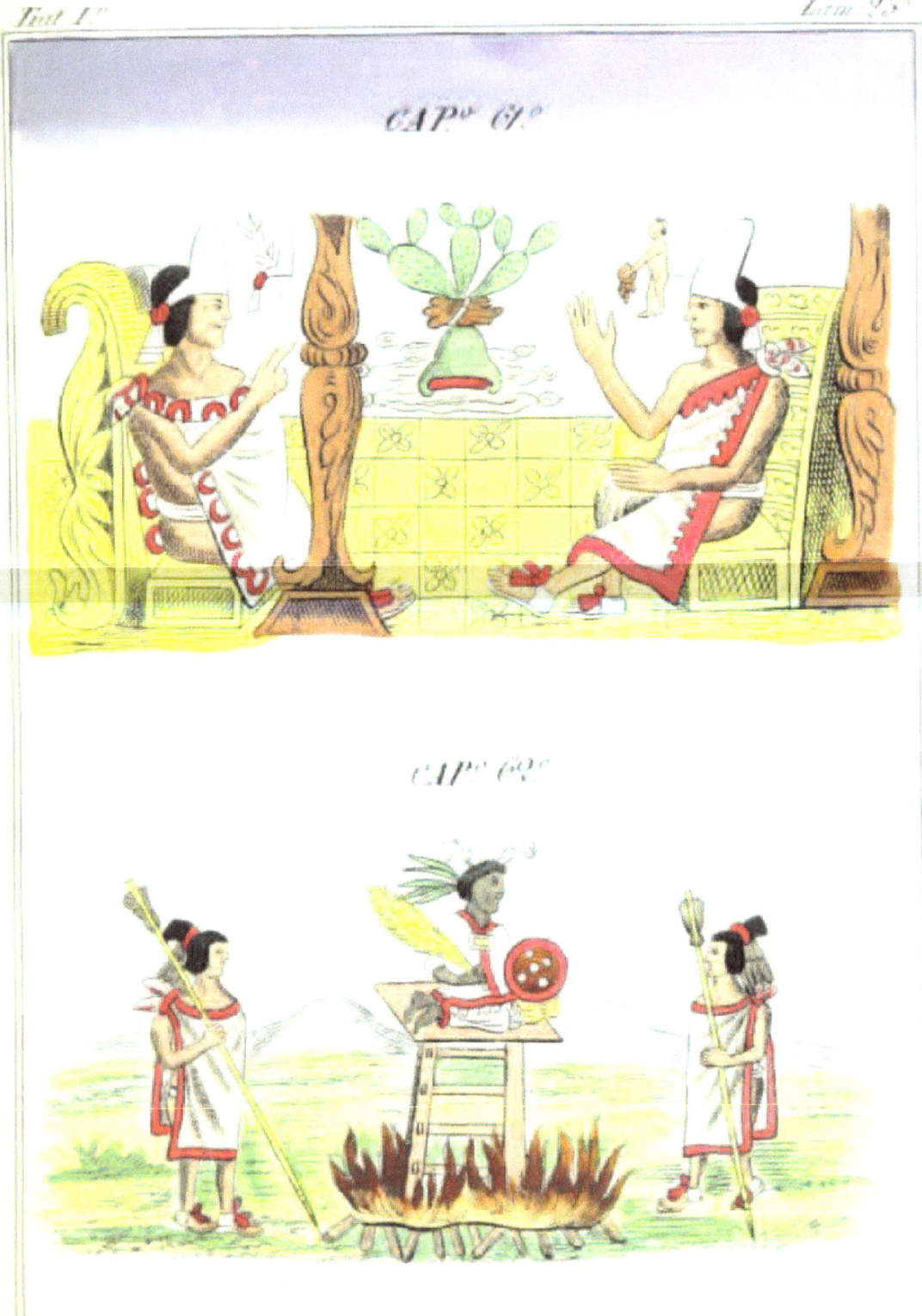

CAP.° 63

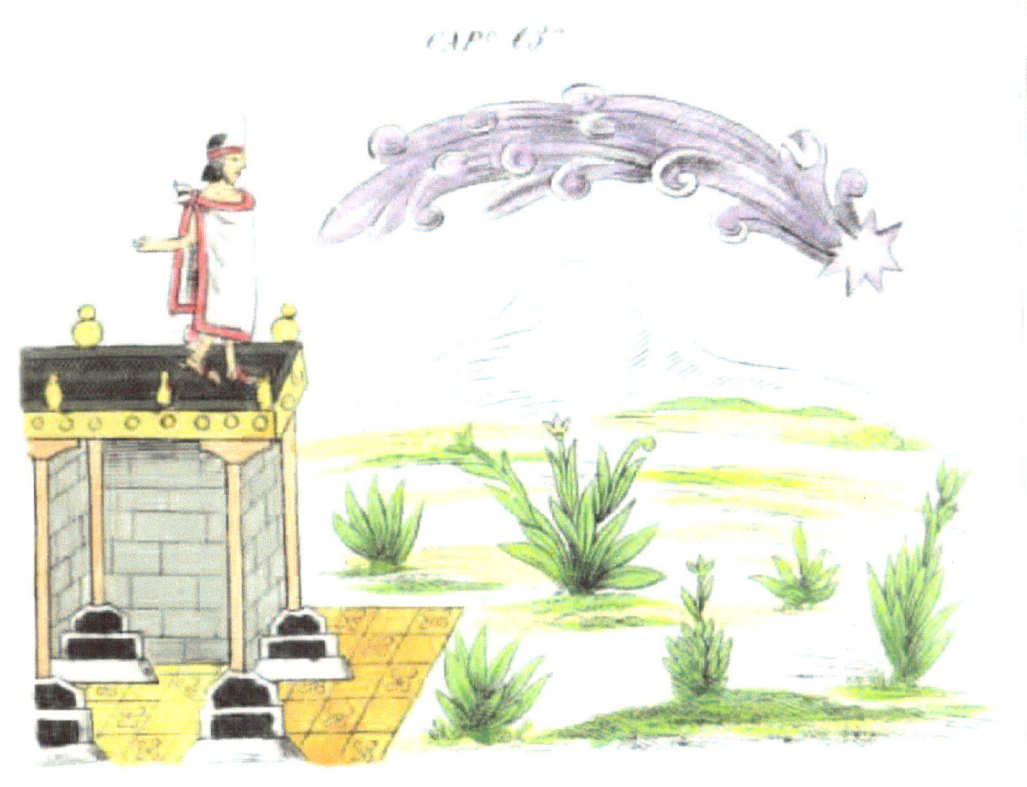

CAP.° 64

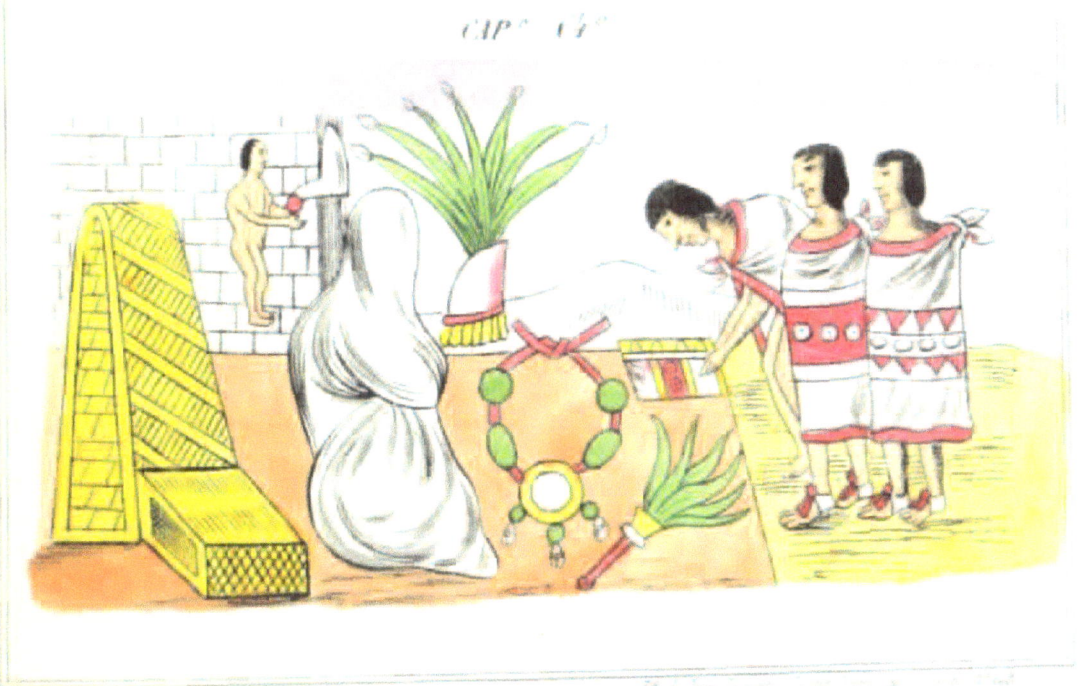

CAP° 65

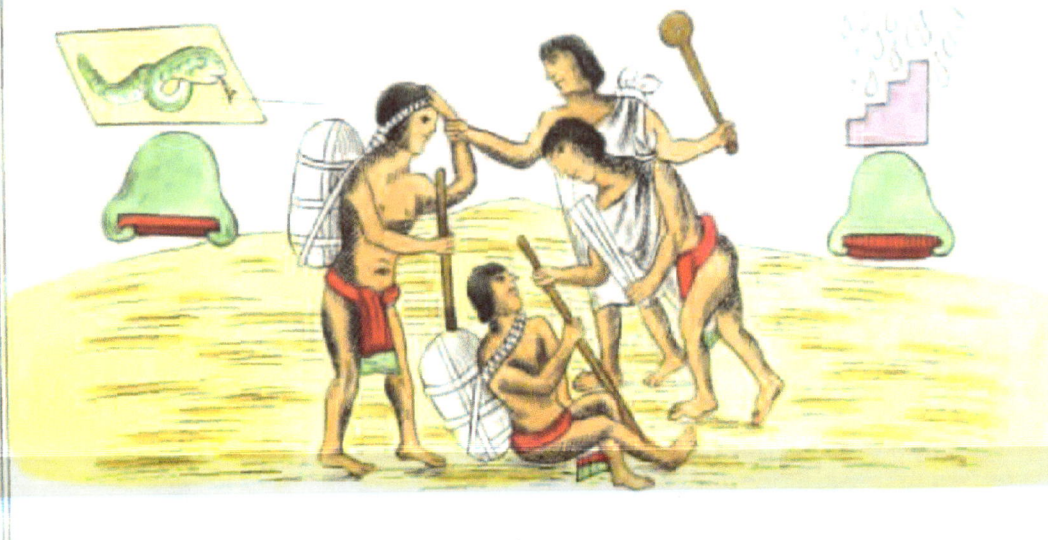

CAP° 66

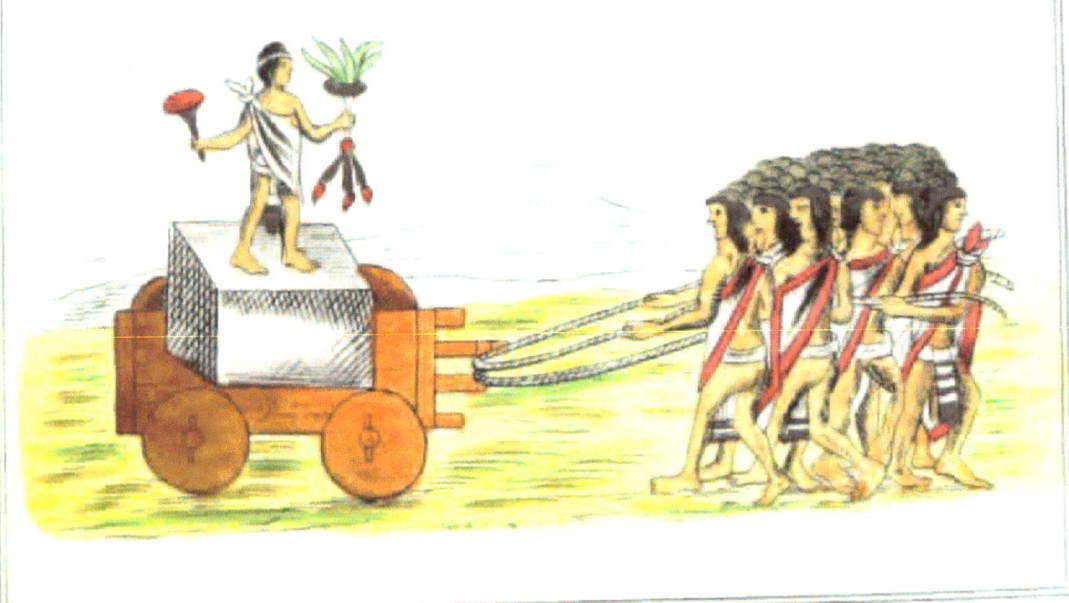

Vol 1º

Lam 26ª

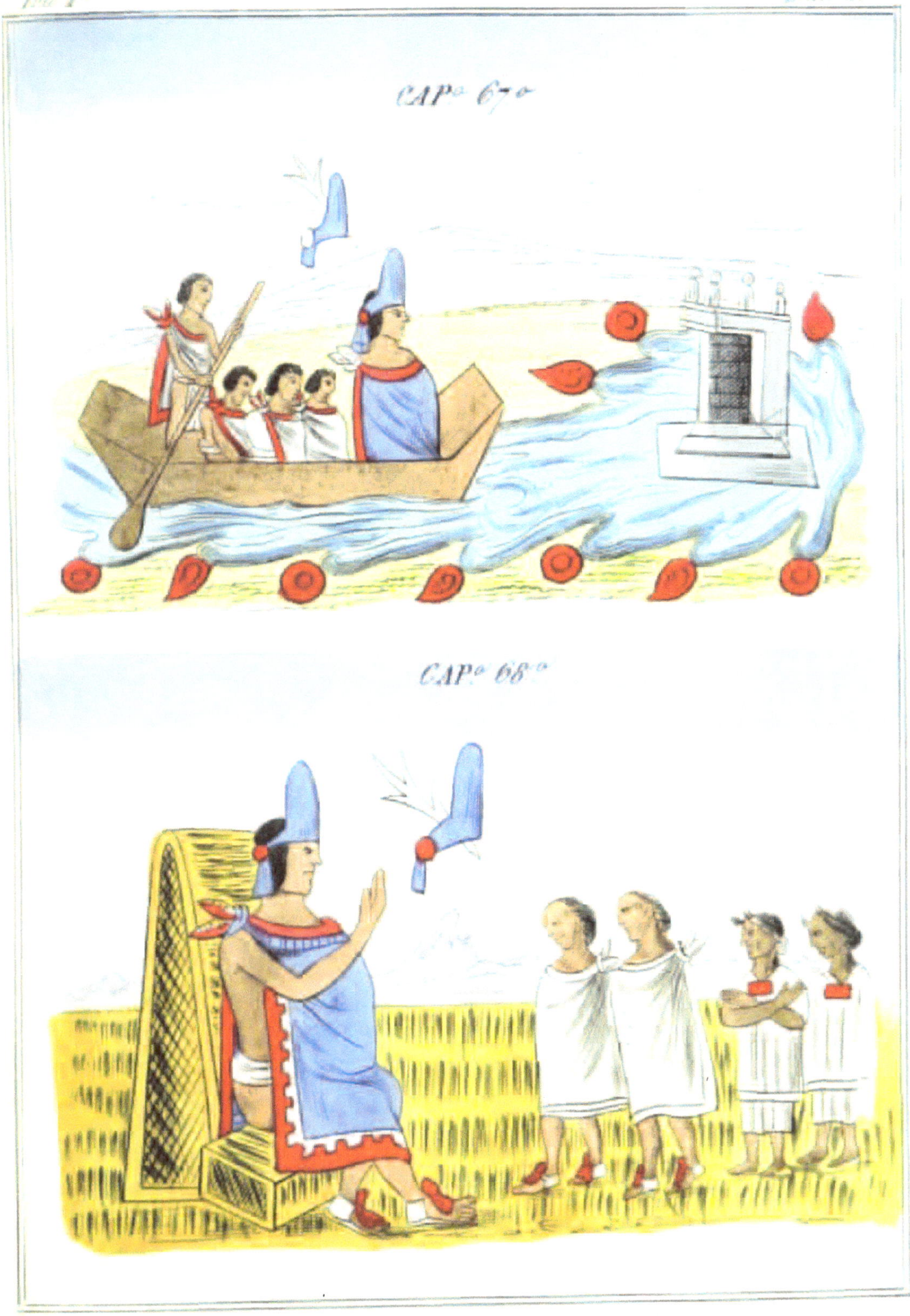

CAP.º 69.º

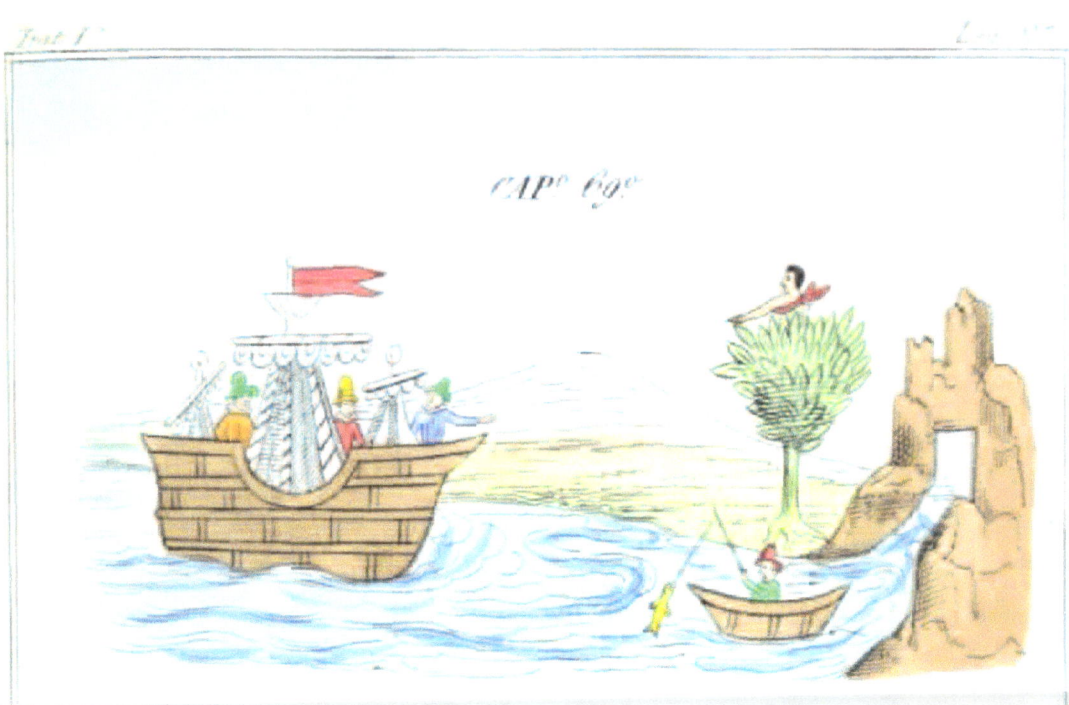

CAP.º 71.

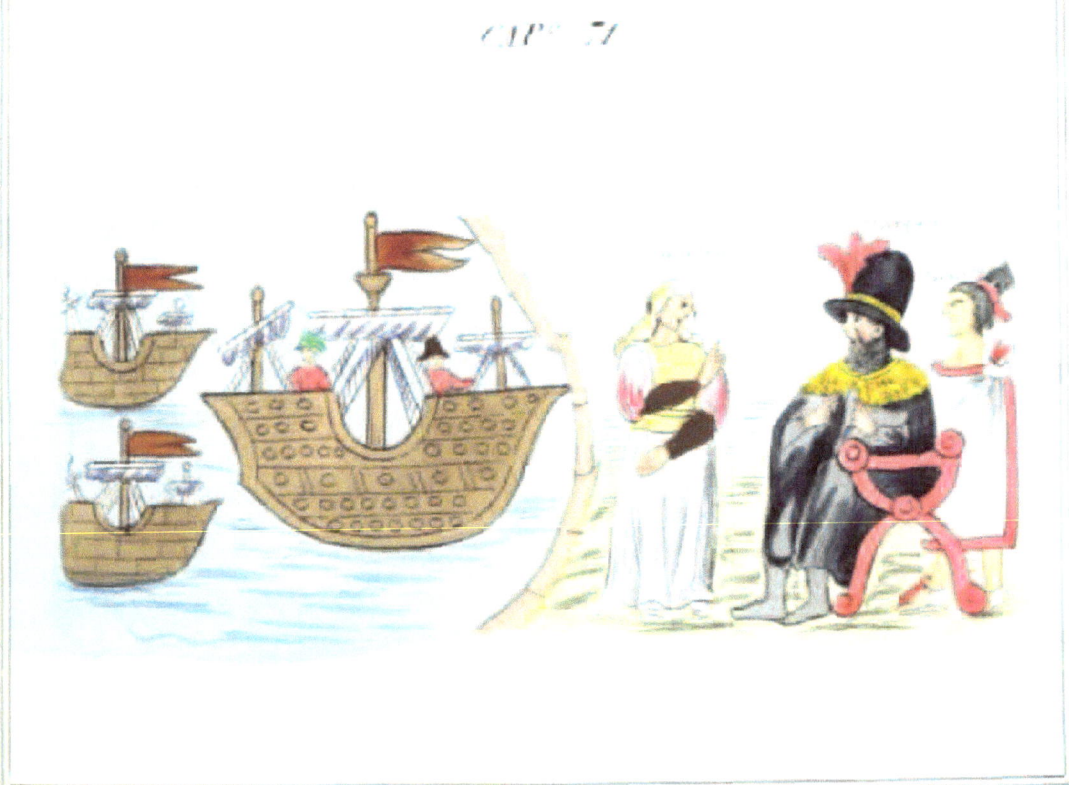

CAP 72

CAP 73

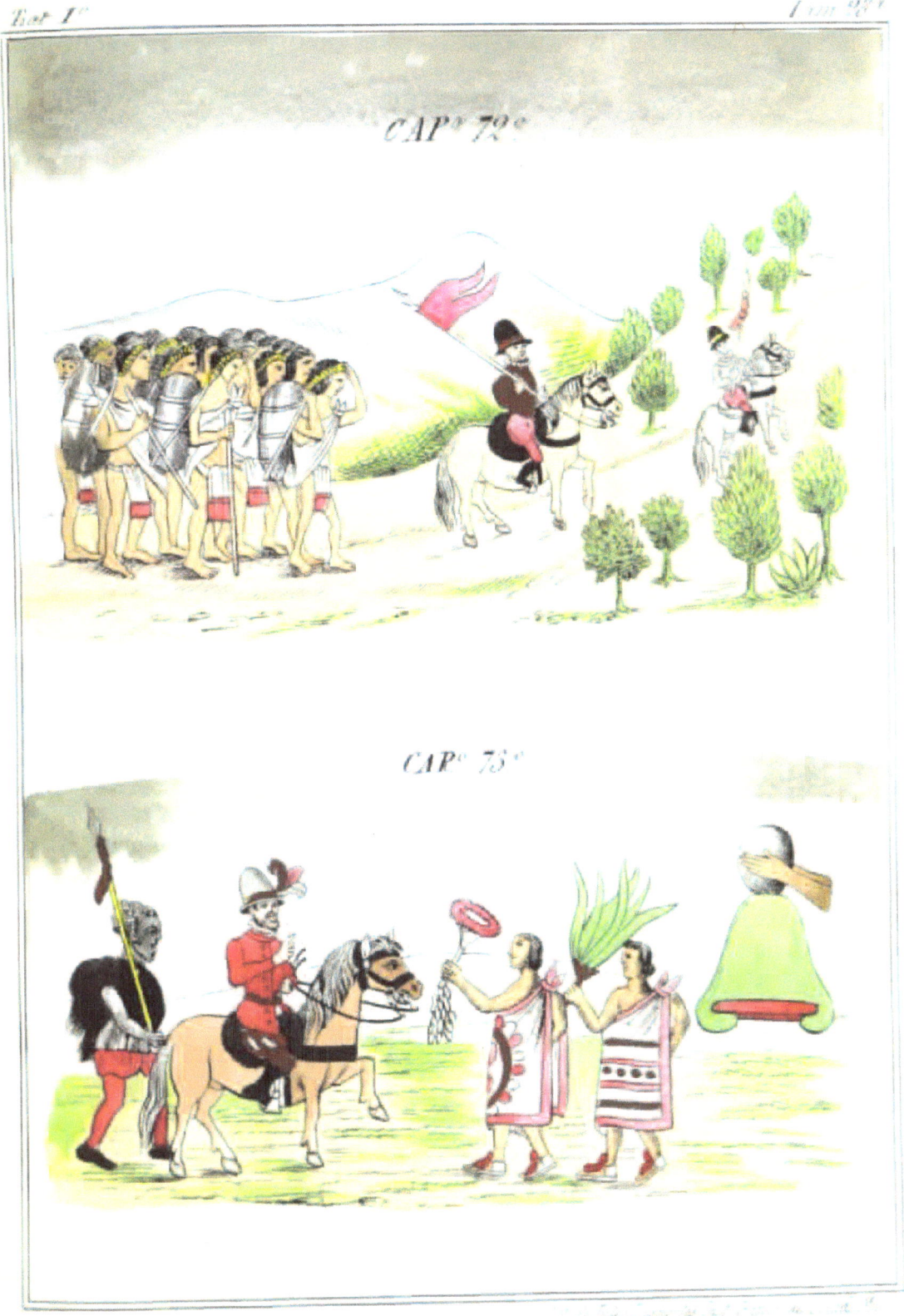

CAP.º 74.º

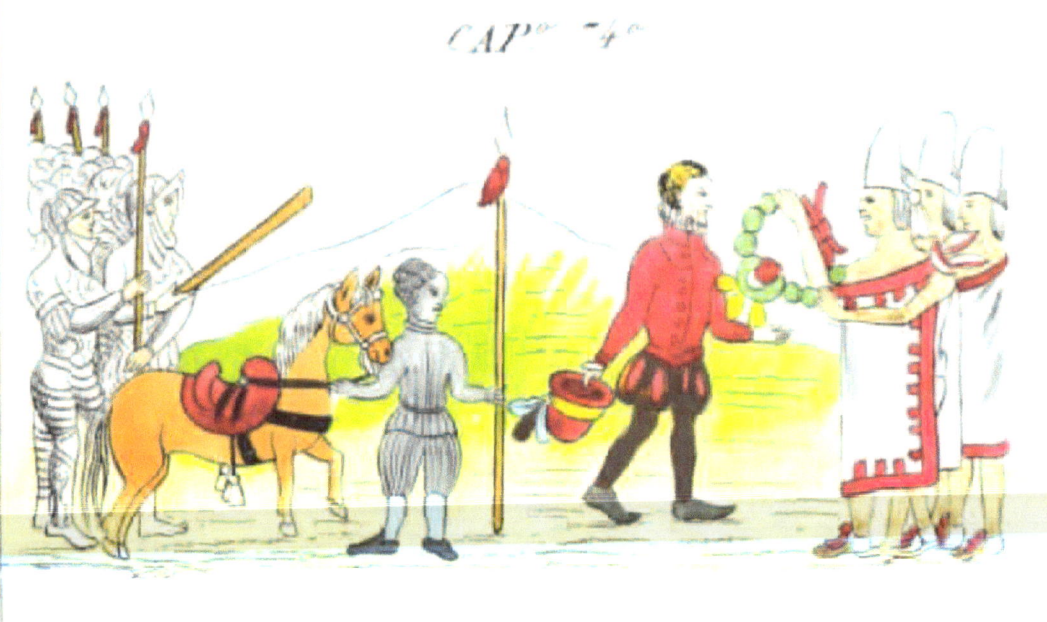

CAP.º 75.º

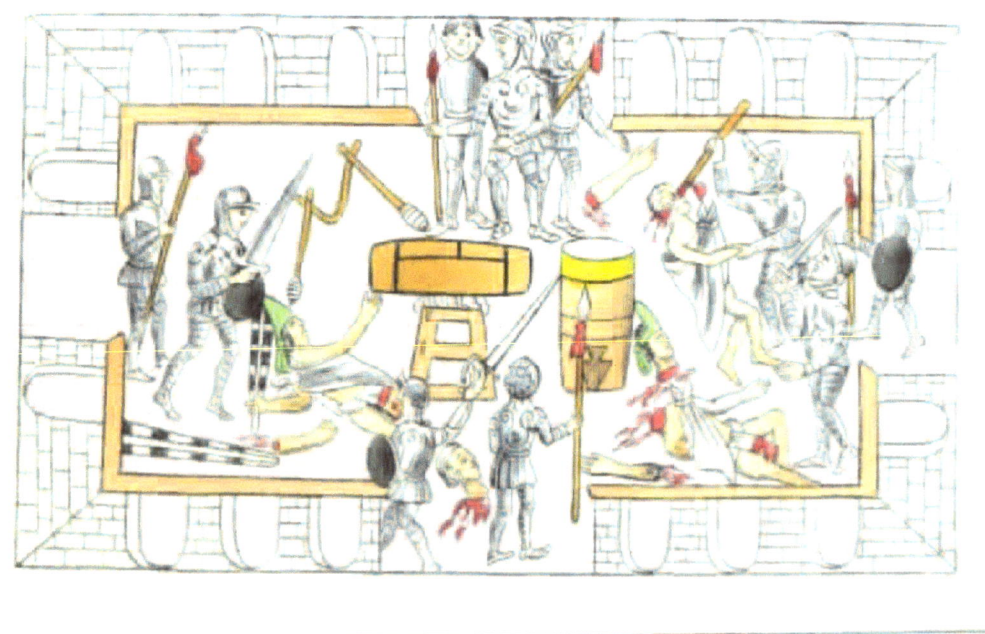

CAP.° 76.°

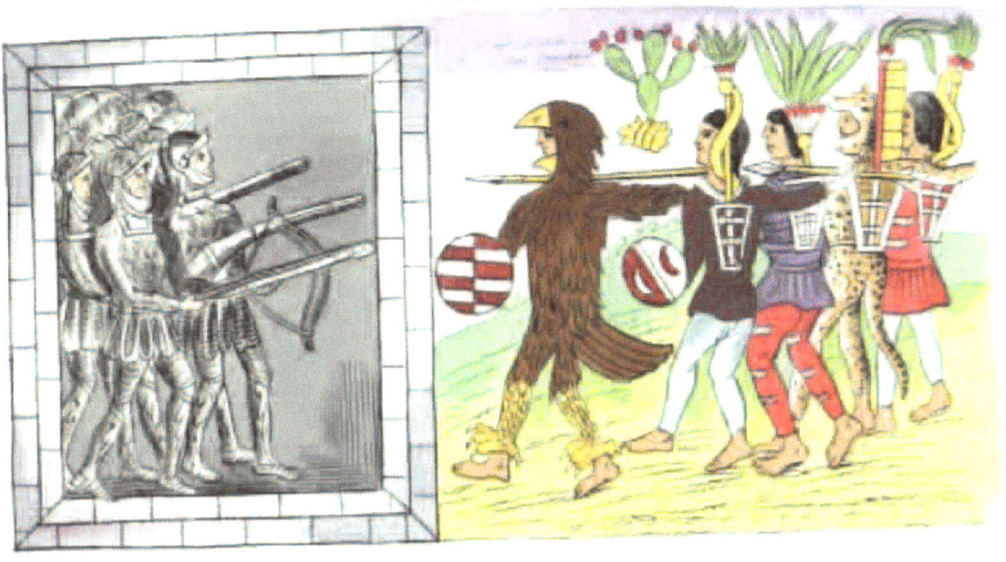

CAP.° 77.°

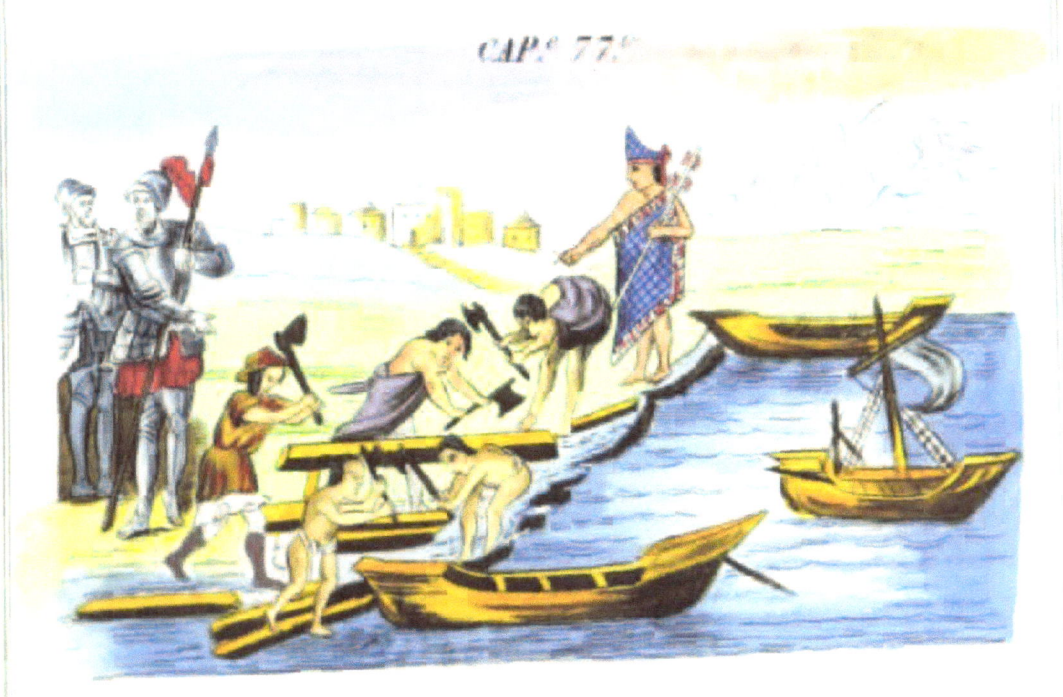

CAP° 78.

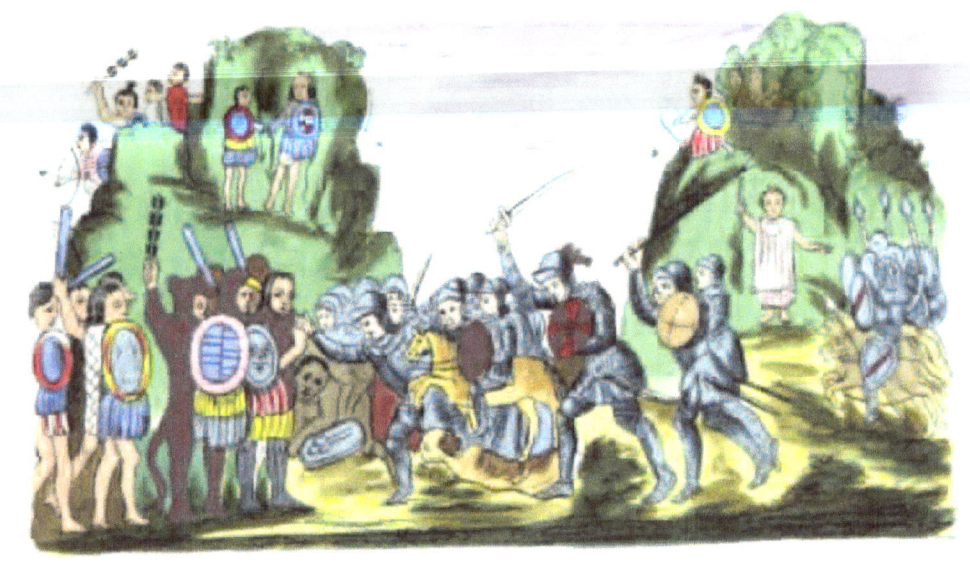

Tab. I.

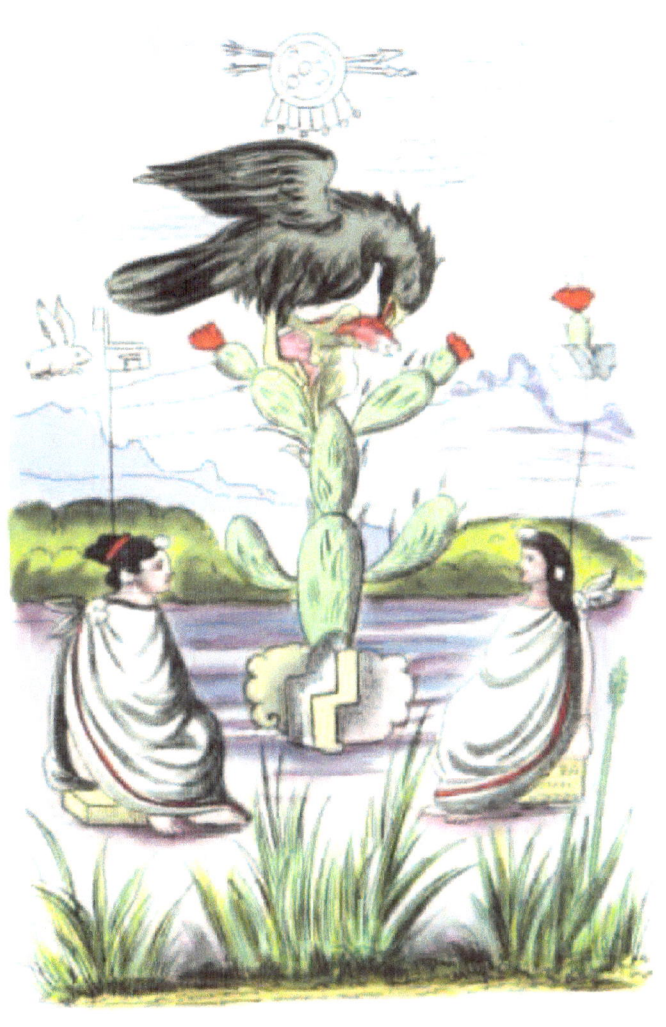

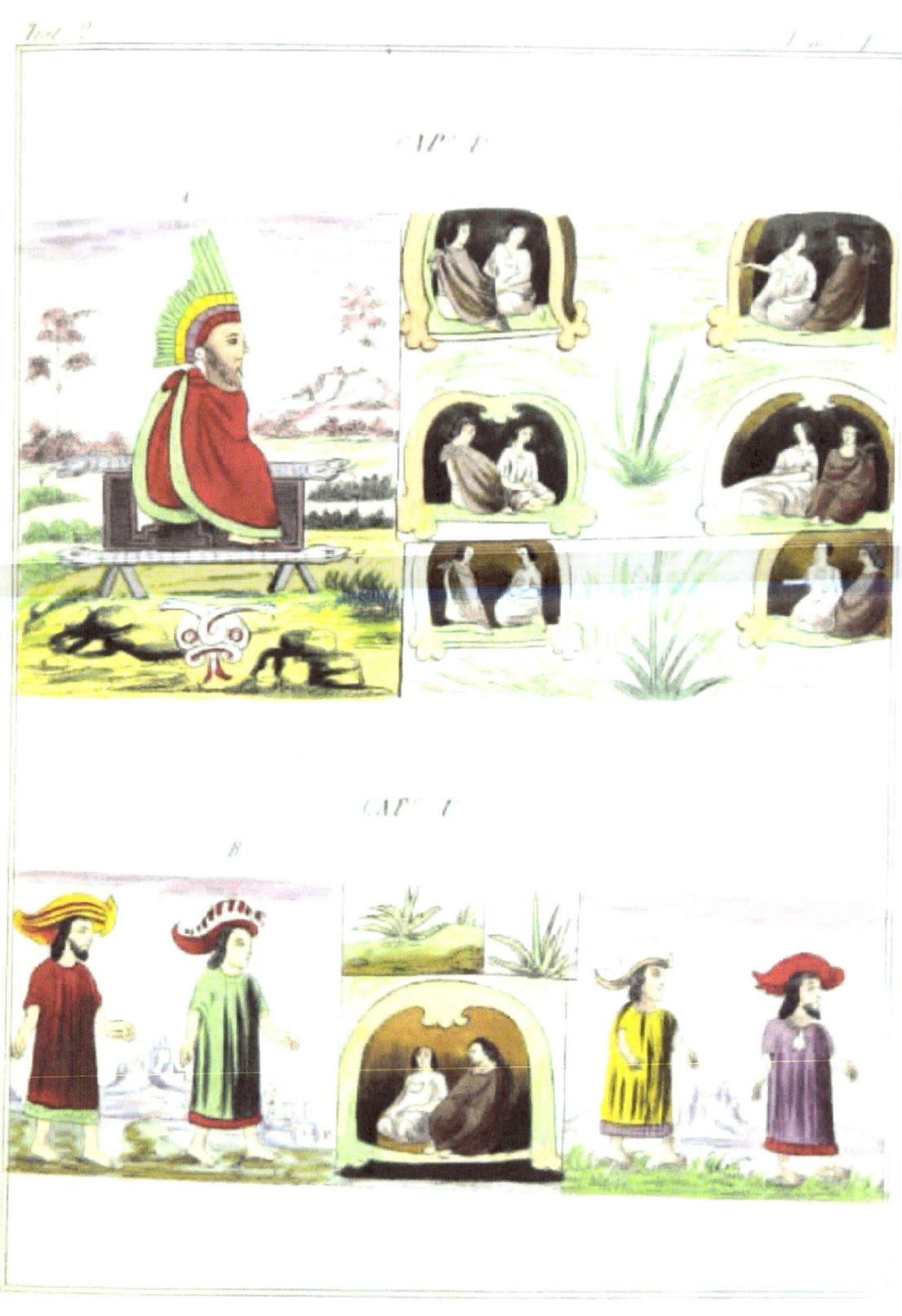

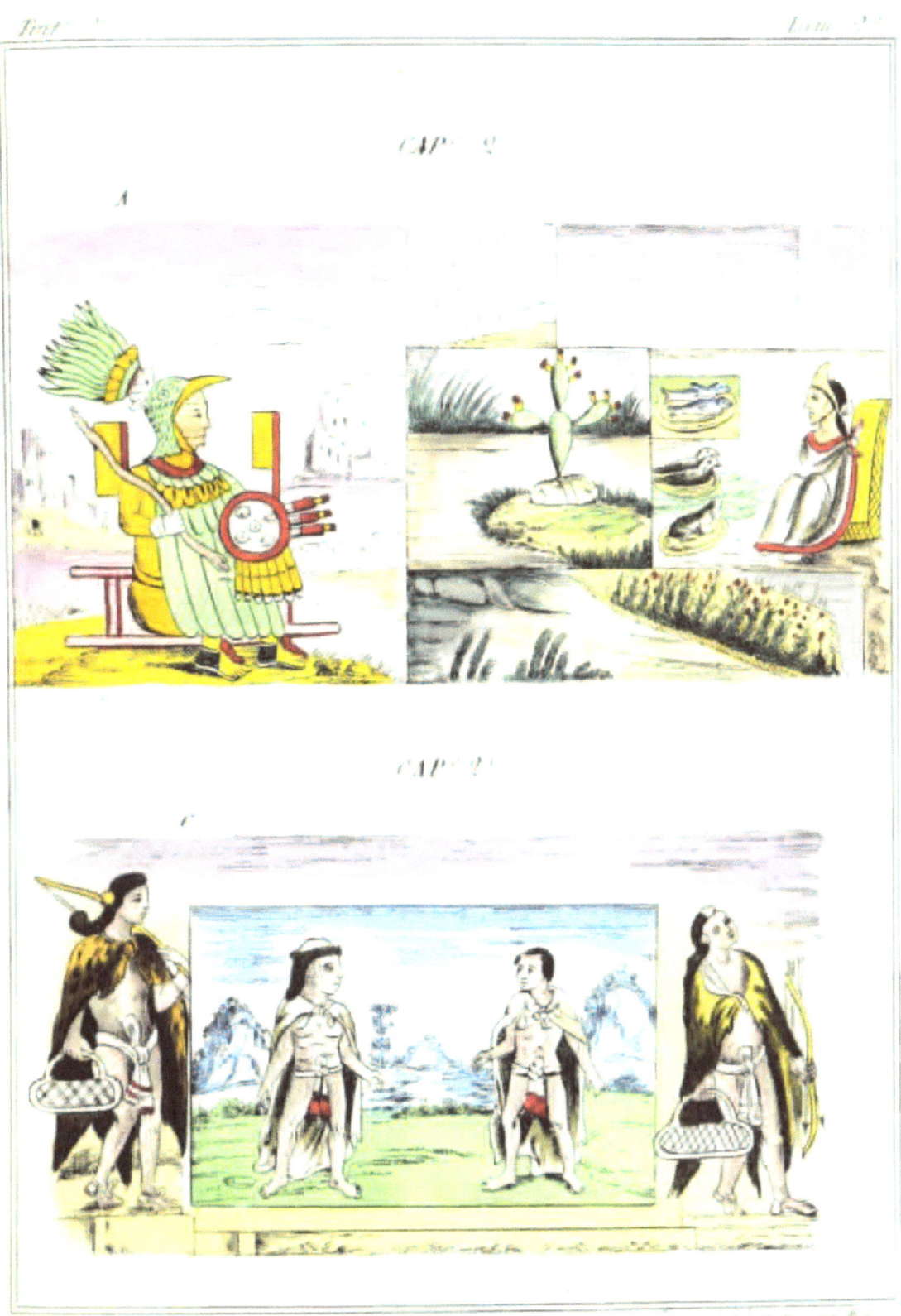

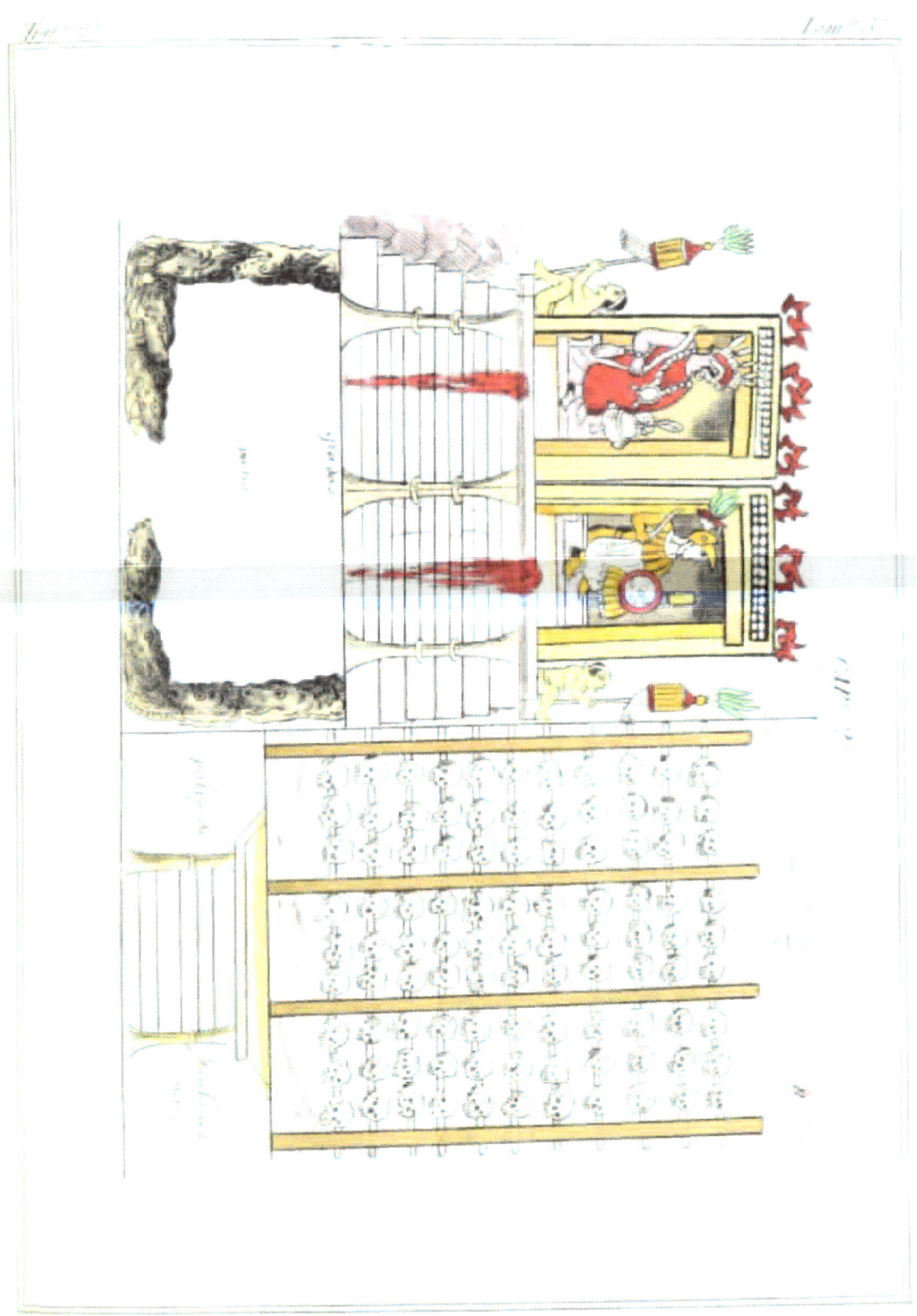

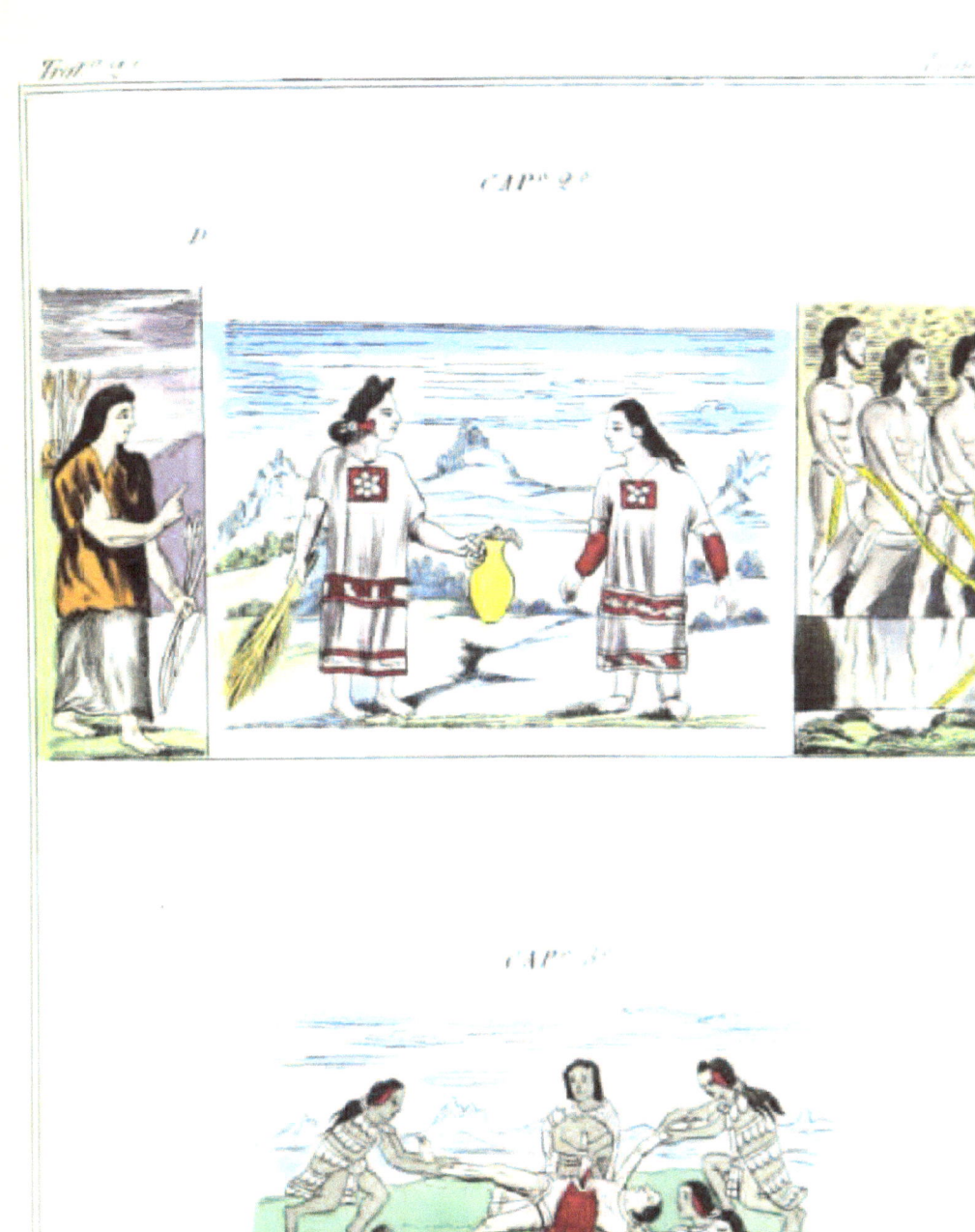

CAP 4   CAP 5

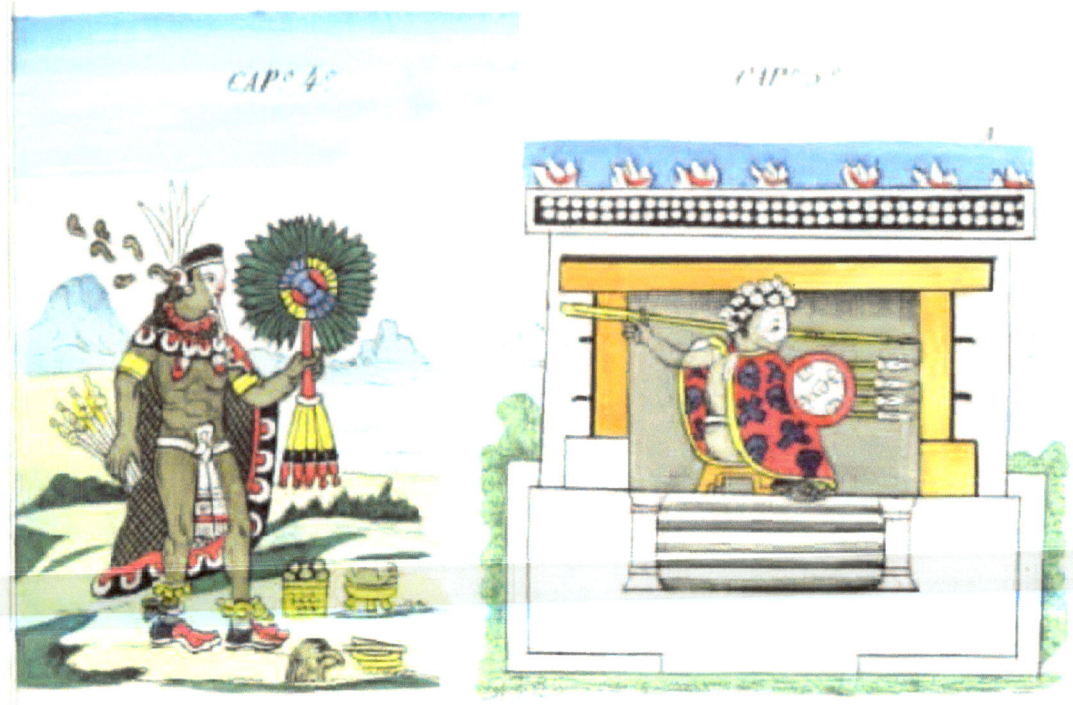

CAP 6

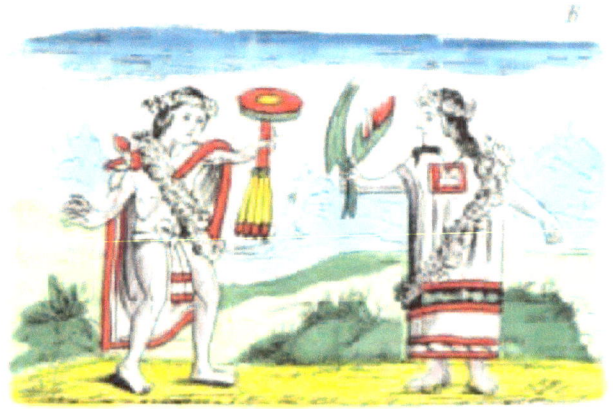

CAP° 5°

CAP° 6°

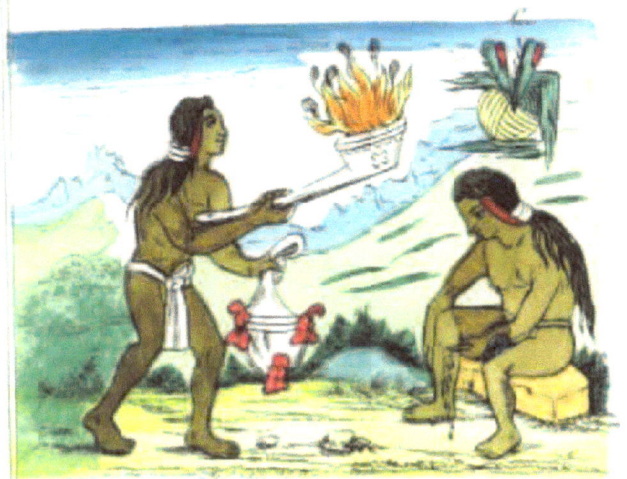

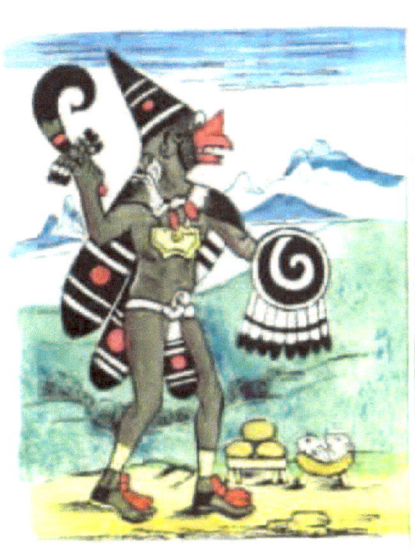

CAP° 7°

CAP° 8°

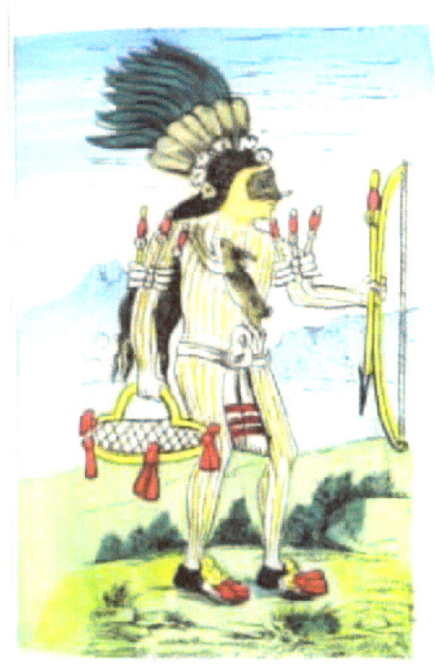

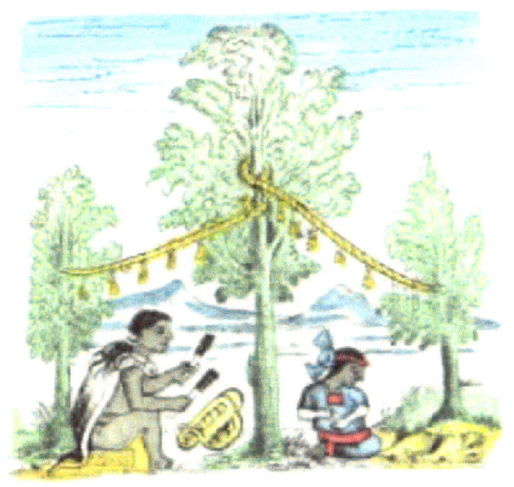

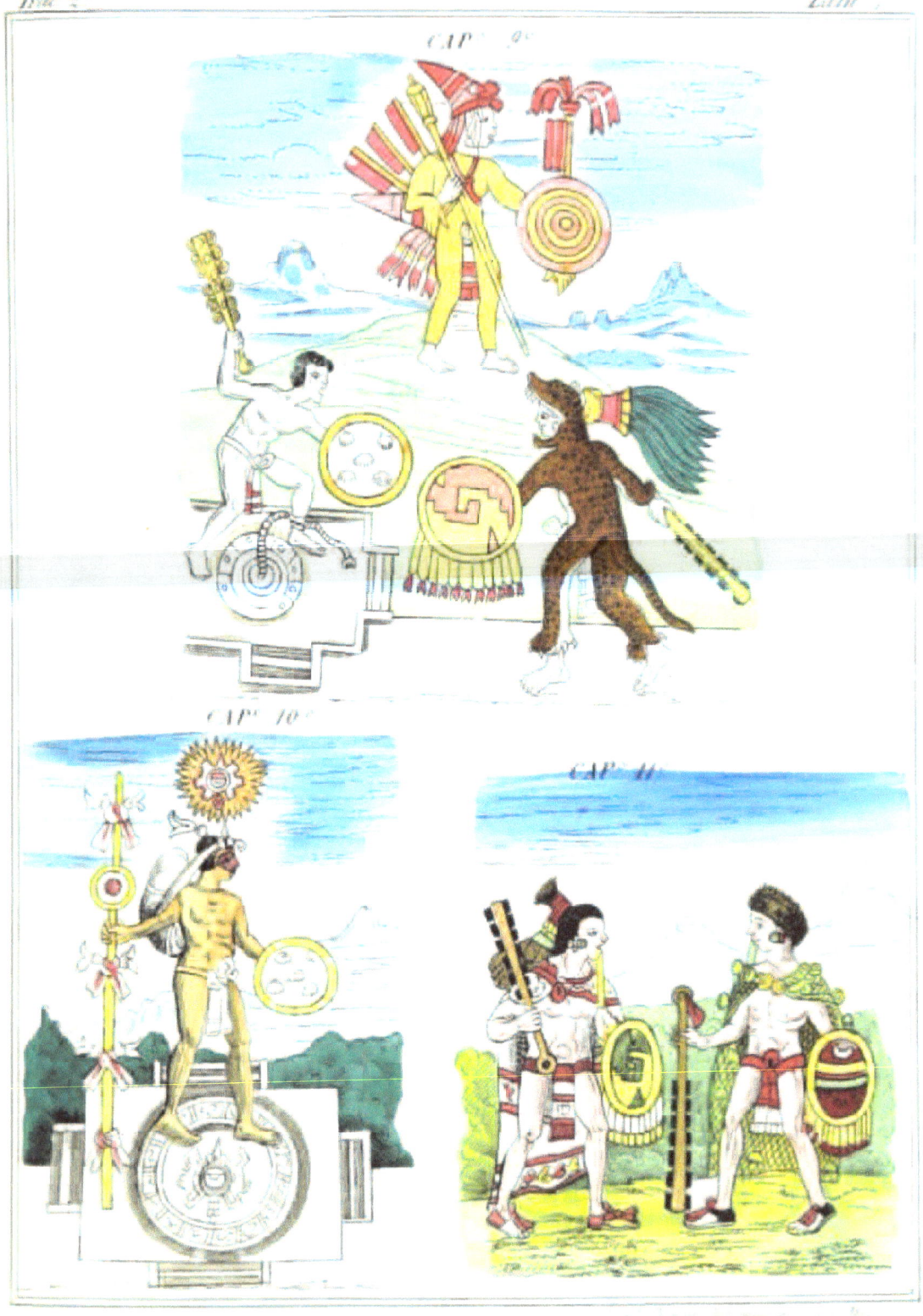

CAP. 19

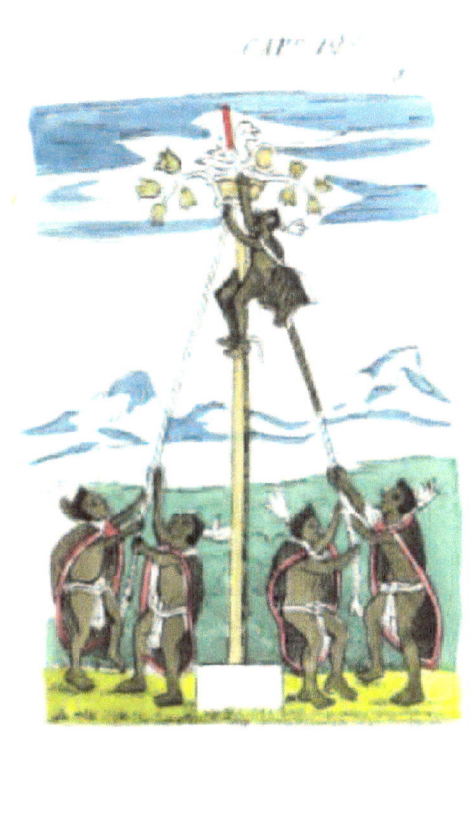

CAP. 18

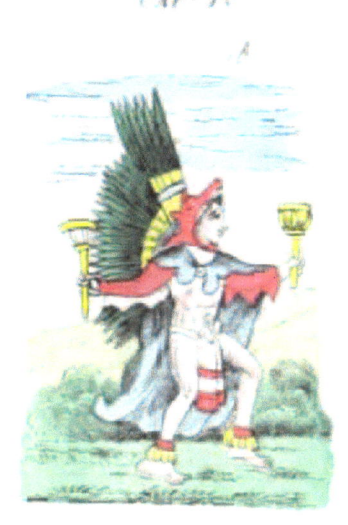

CAP. 17

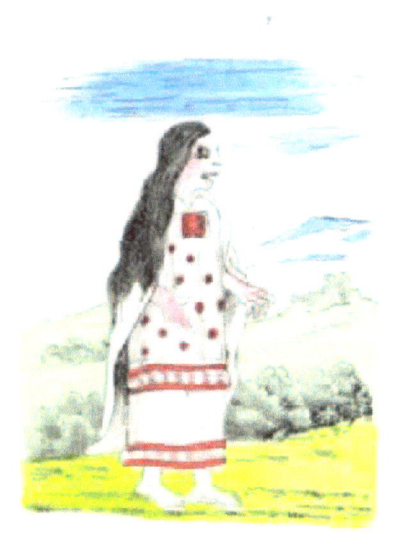

CAP. 15

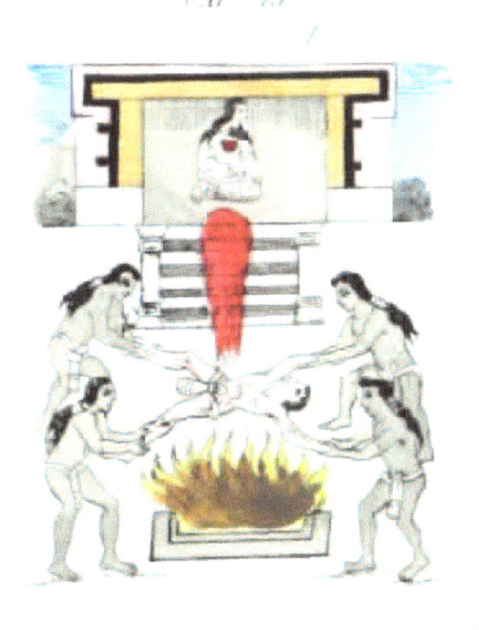

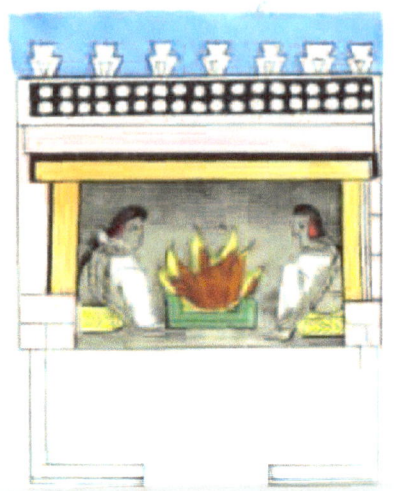

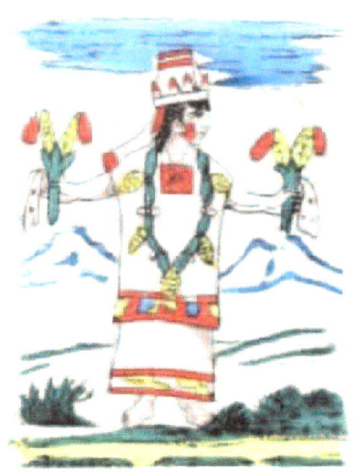

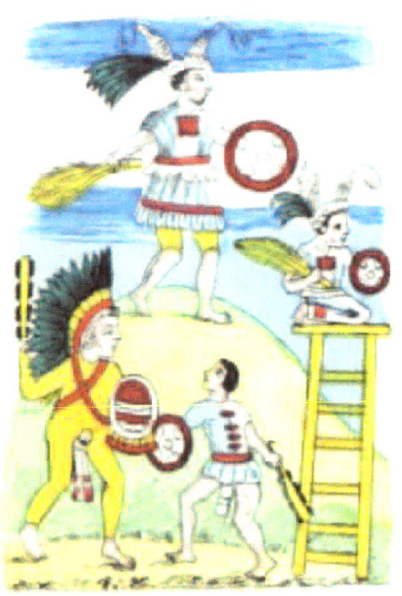

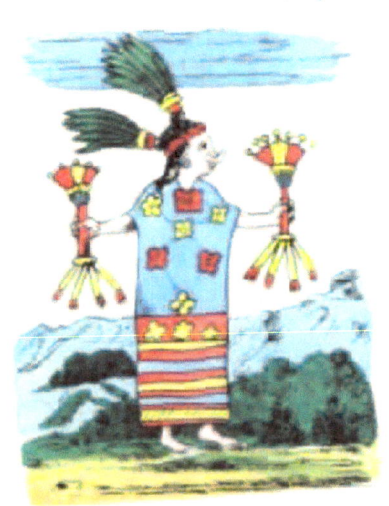

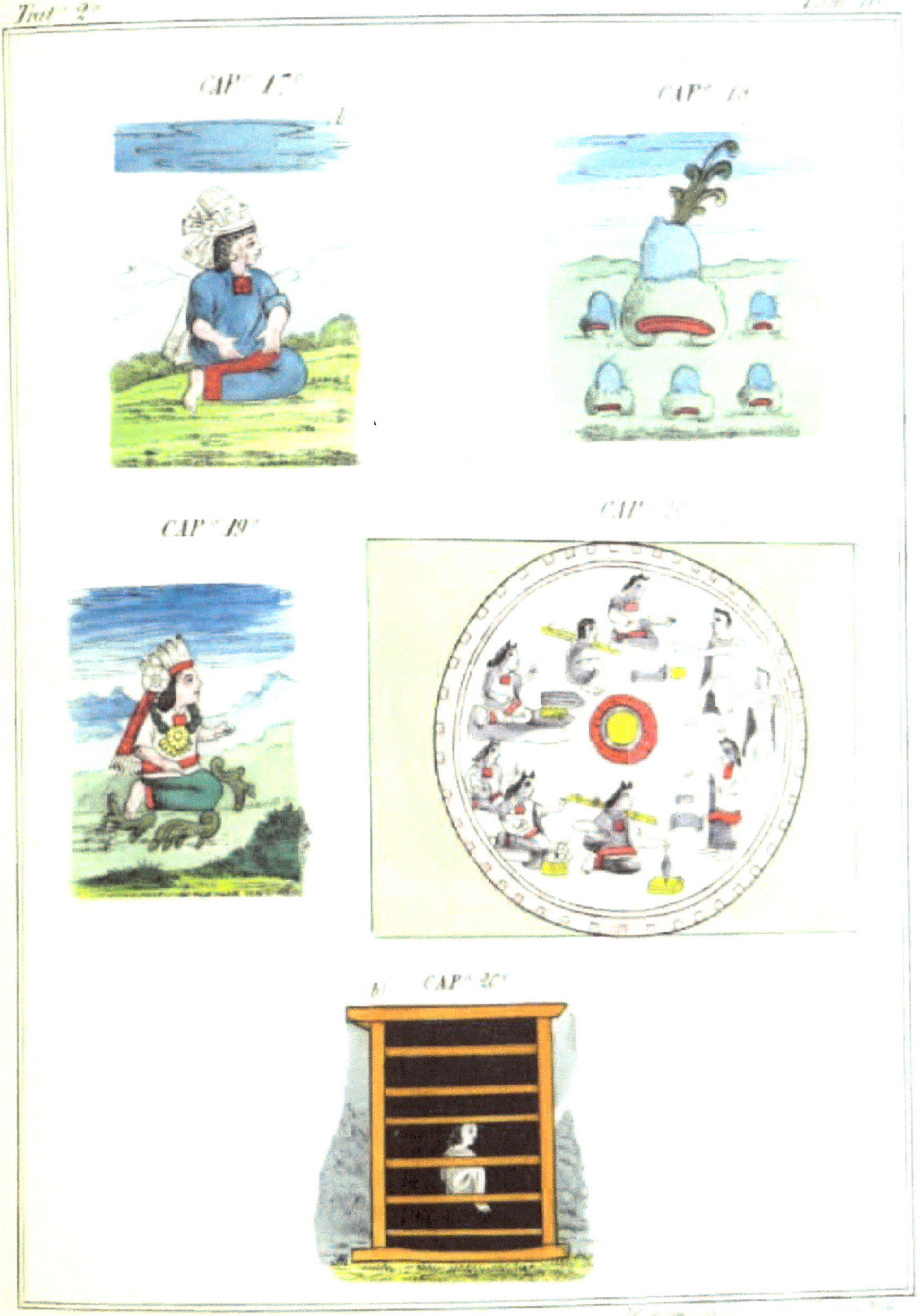

CAP.º 17.º

CAP.º 18.º

CAP.º 19.º

CAP.º

CAP.º 20.º

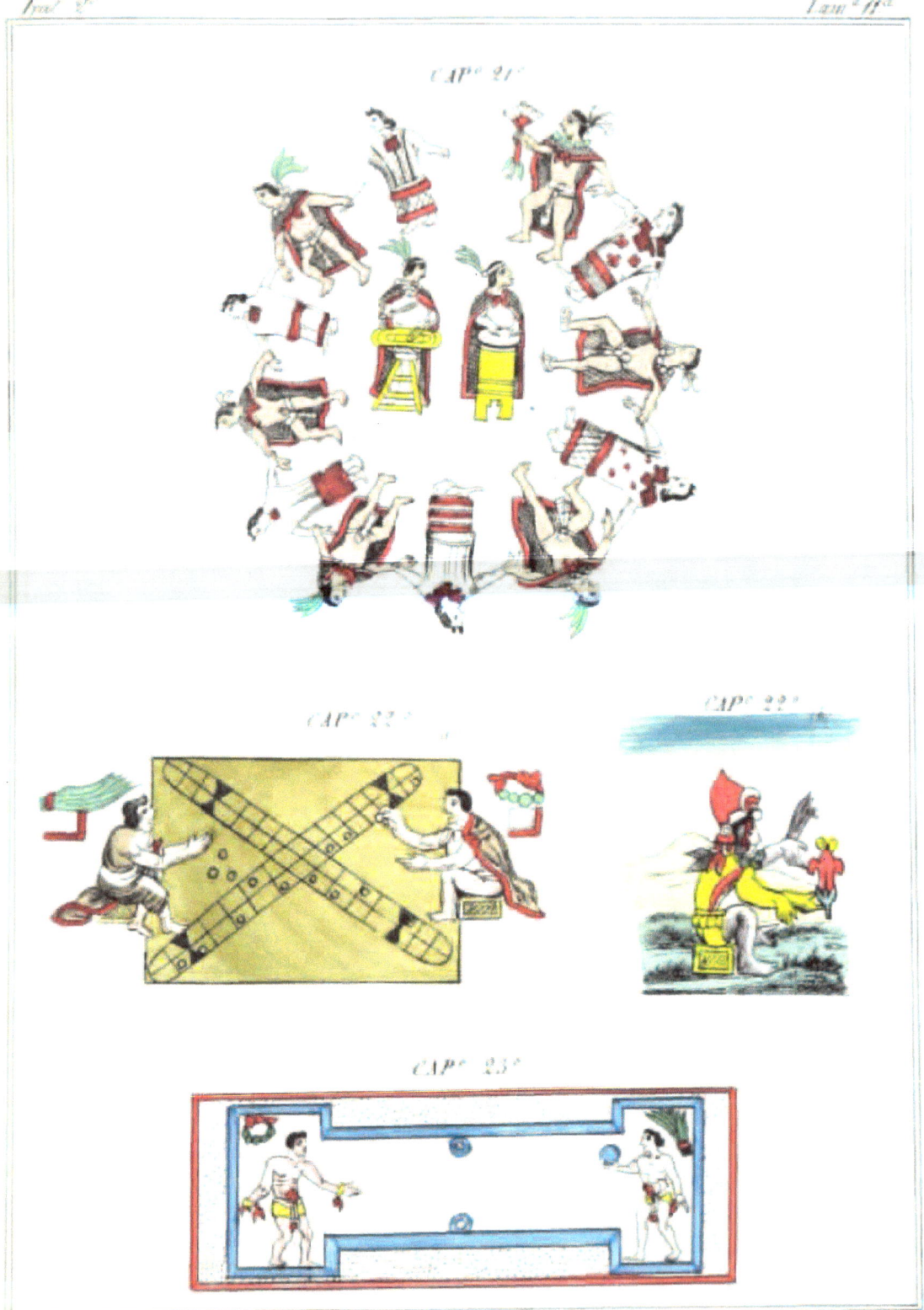

fig 3.

CAP. I.

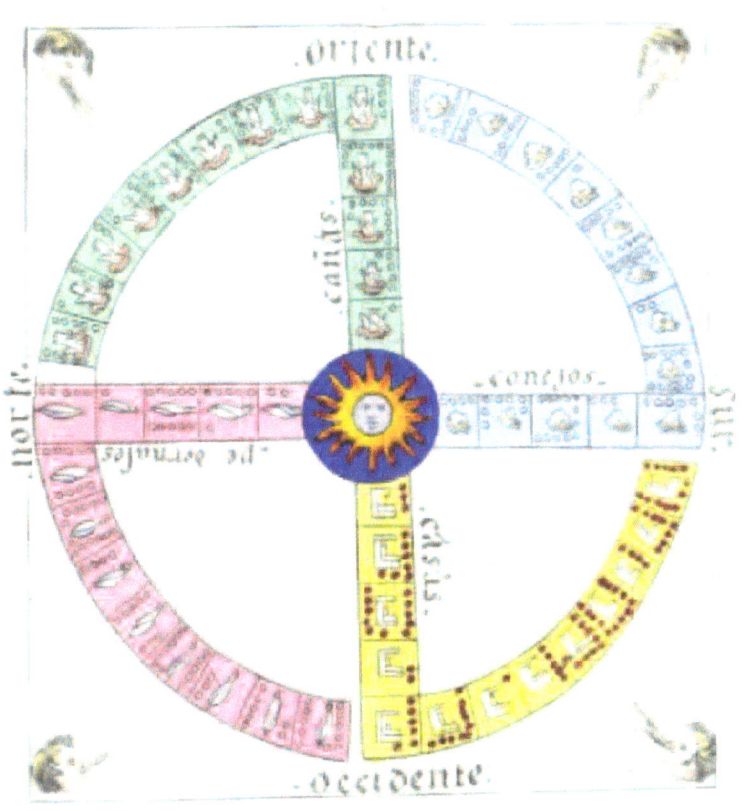

CAP. 2.º

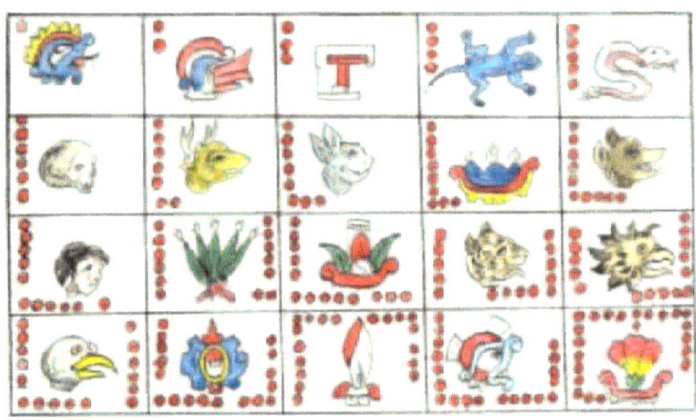

CAP. 3

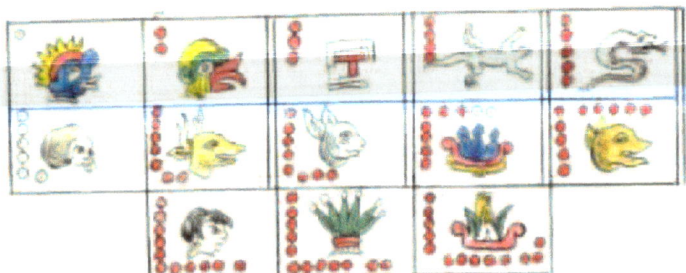

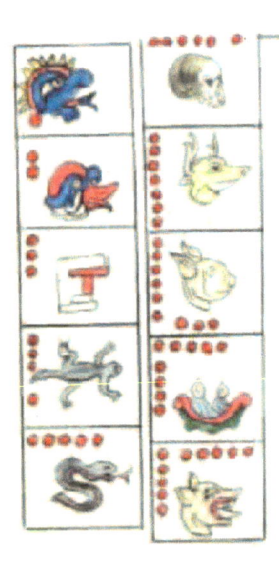

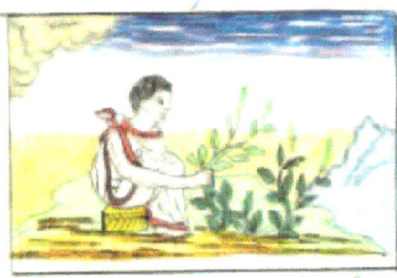

Primero mes del
año que los yndios celebrauan
el qual era de ueinte di-
as no mas

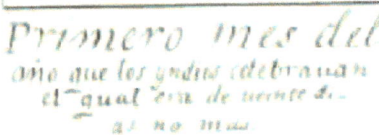

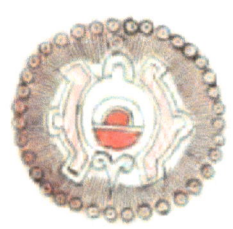

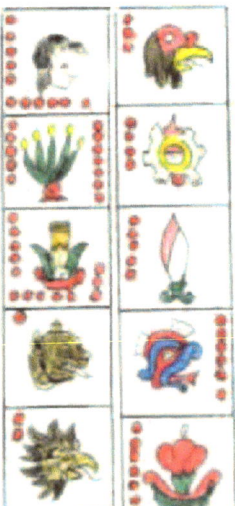

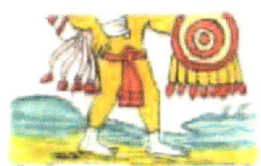

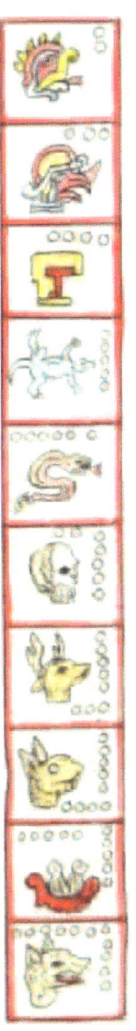

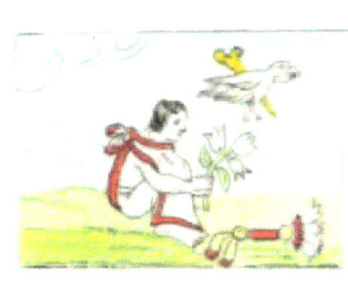

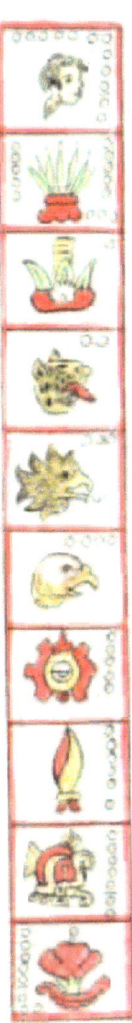

Tab. V.   Lám. 5ª

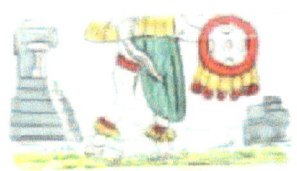

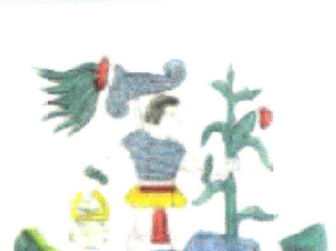

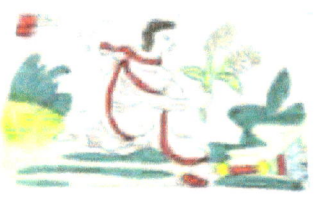

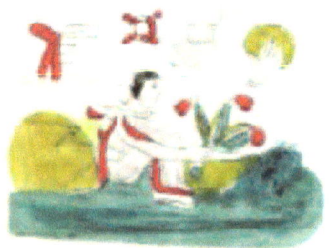

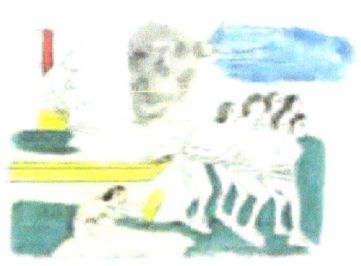

Tab. 5   Lam. 5

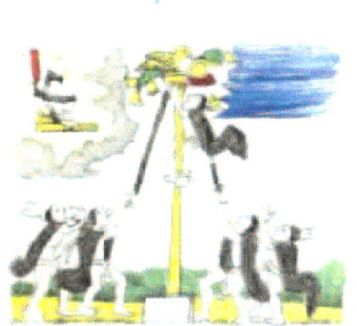

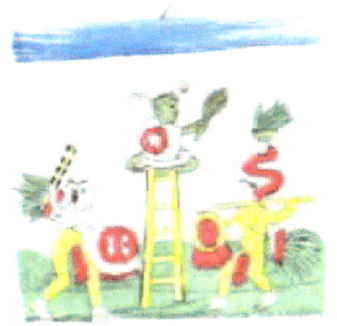

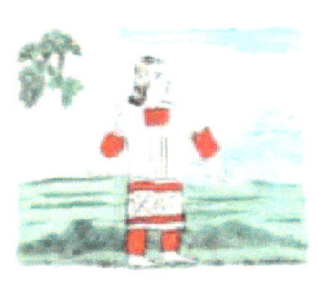

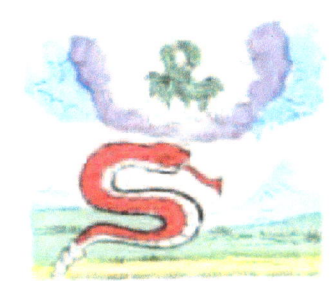

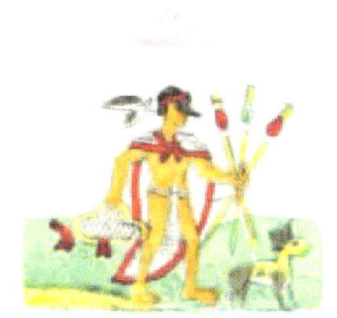

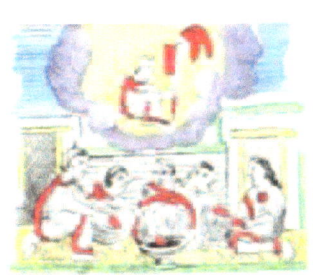

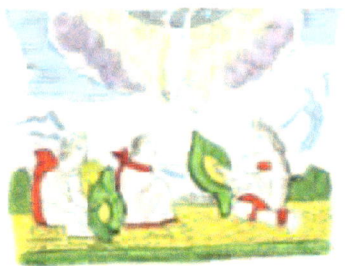

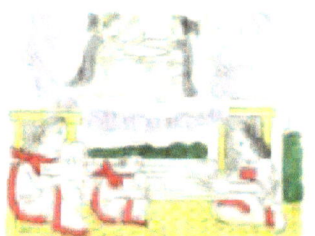

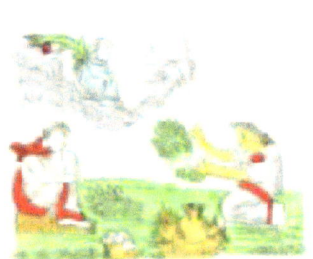

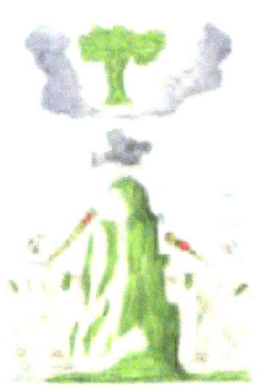

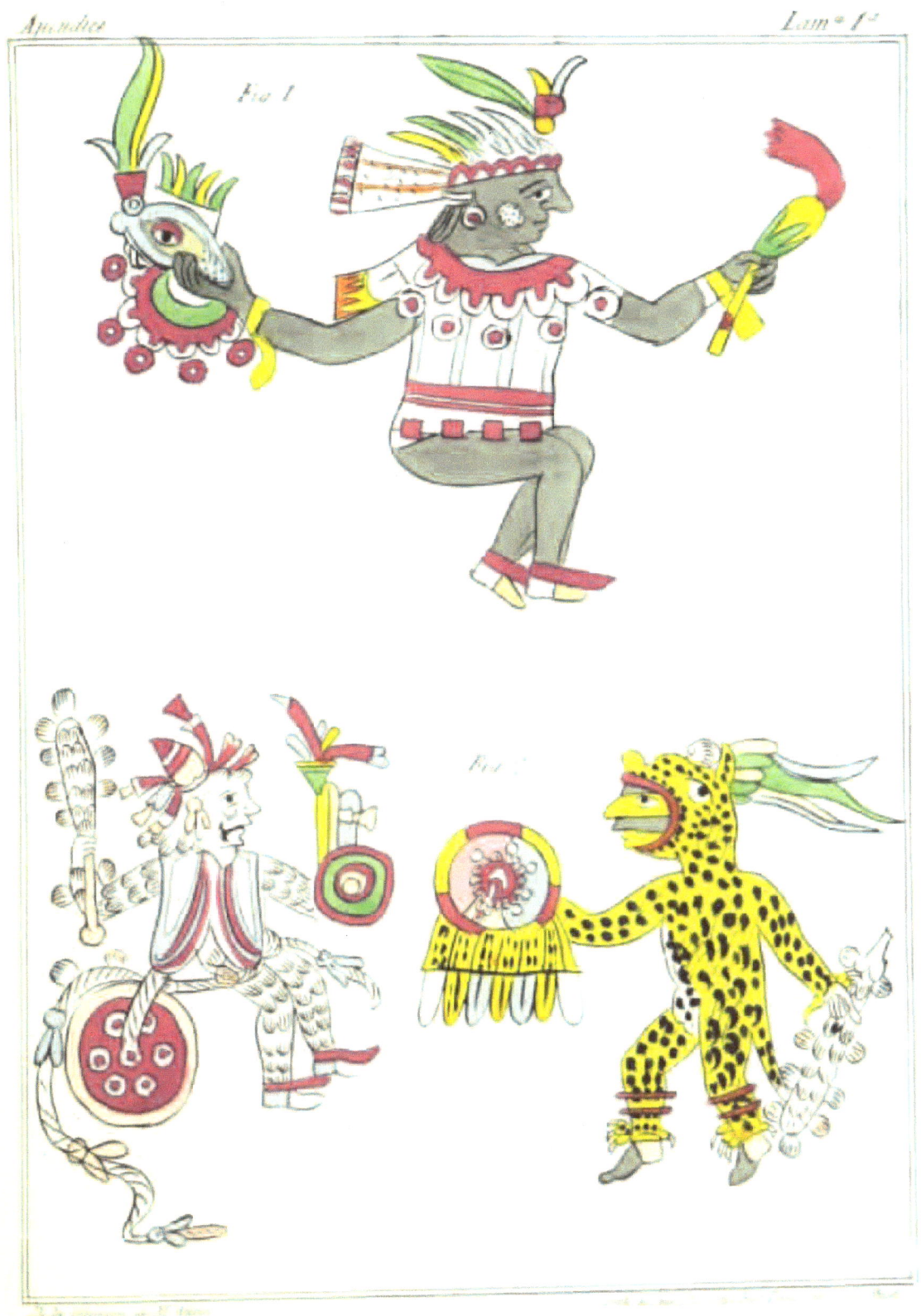

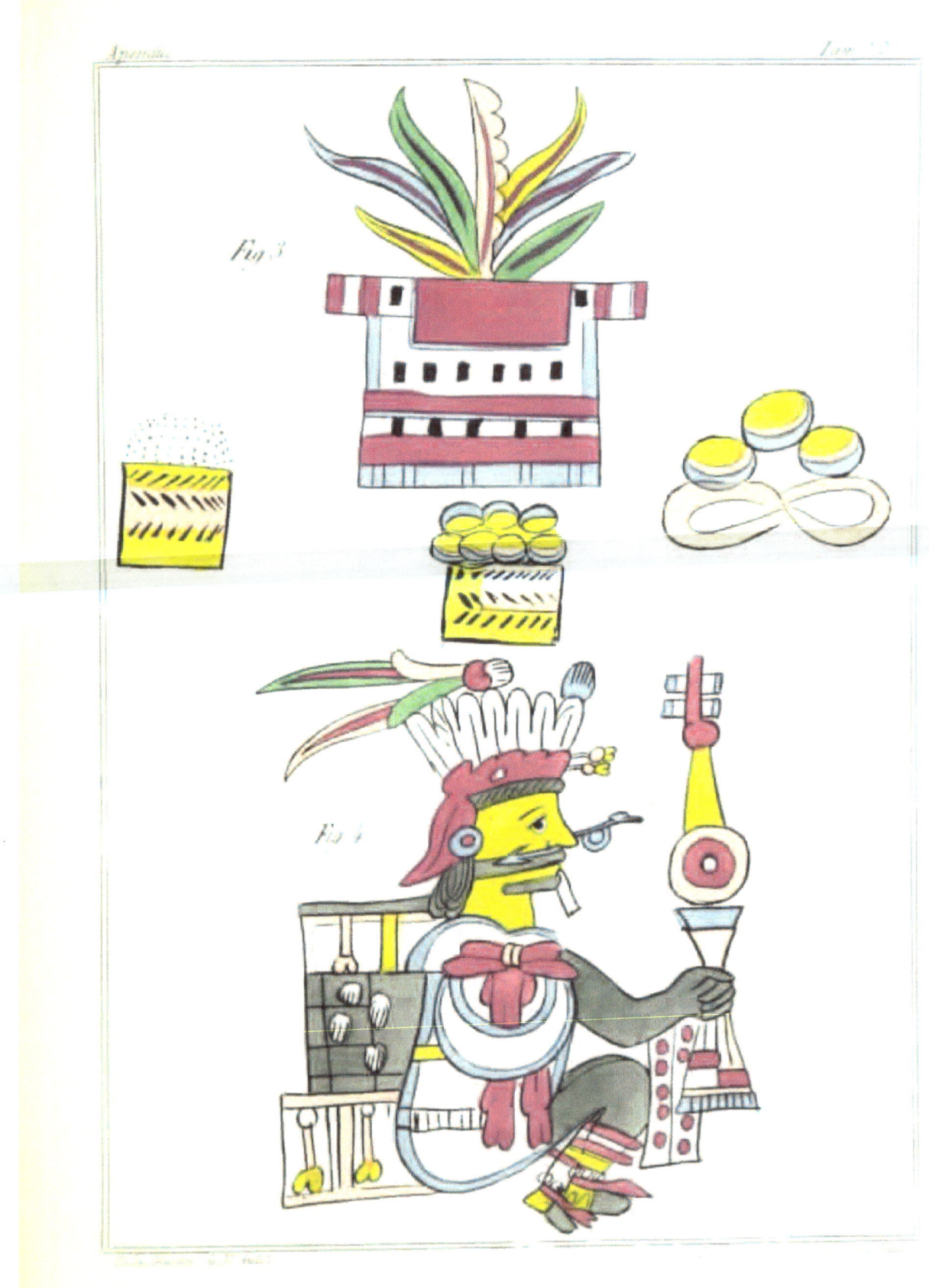

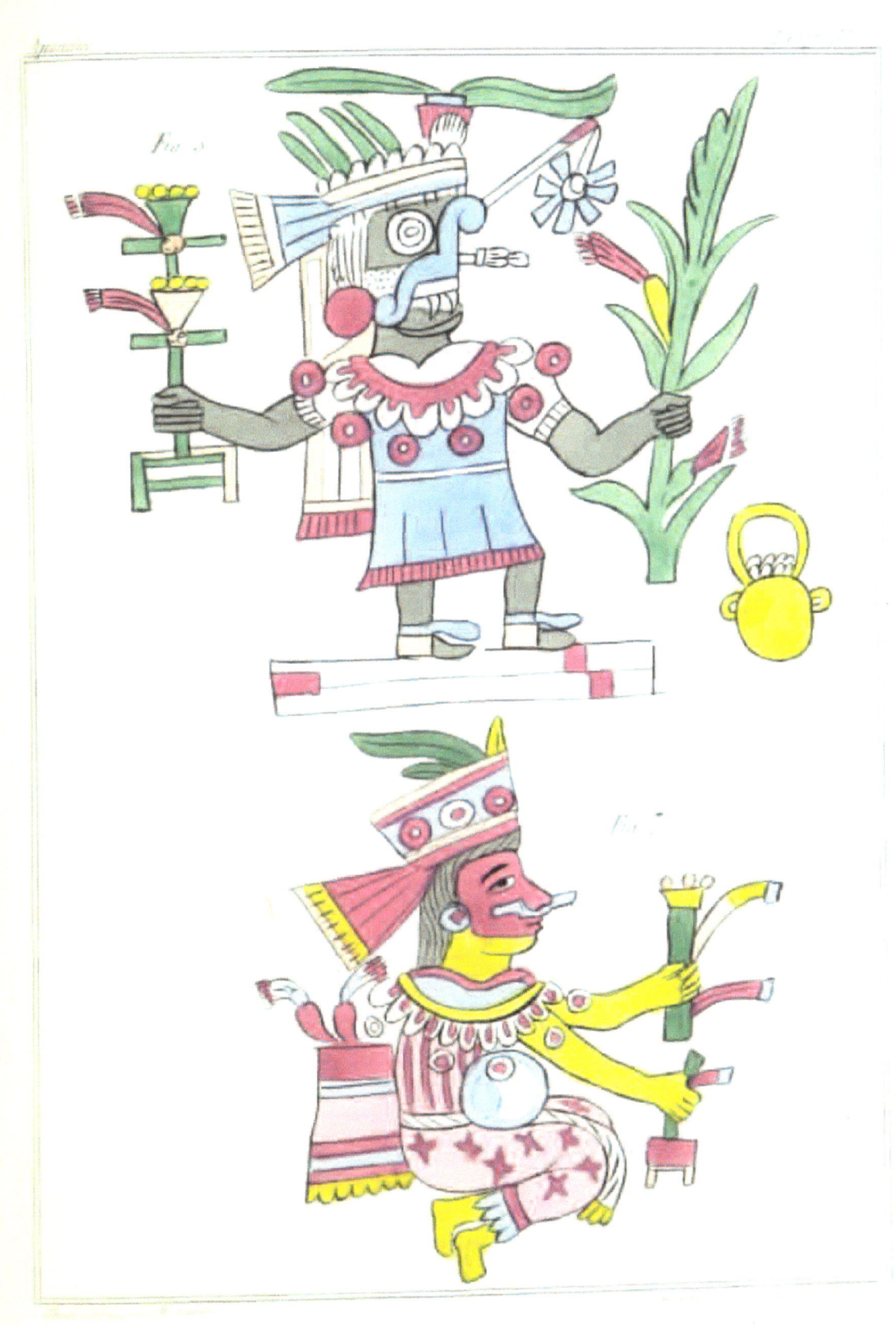

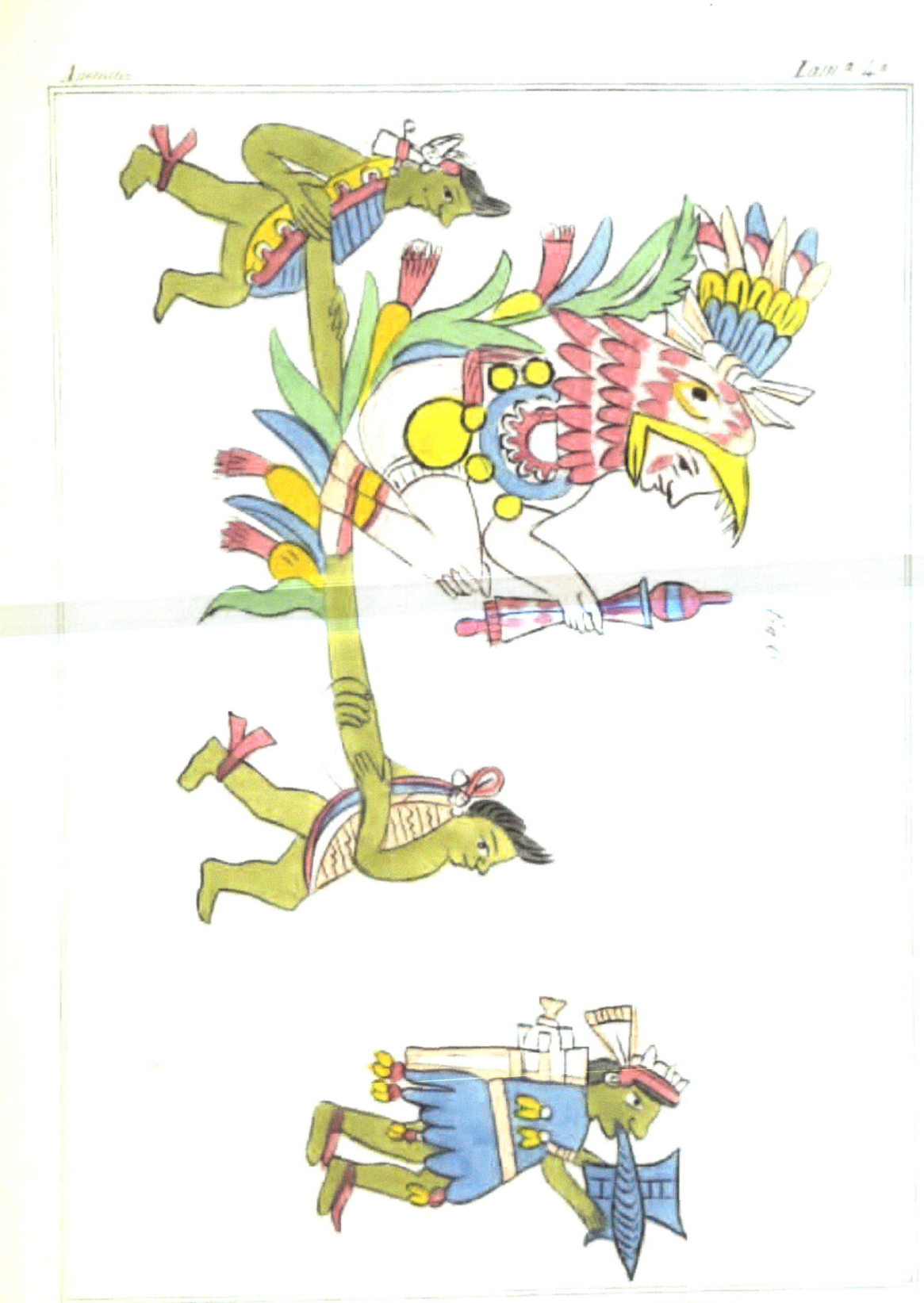

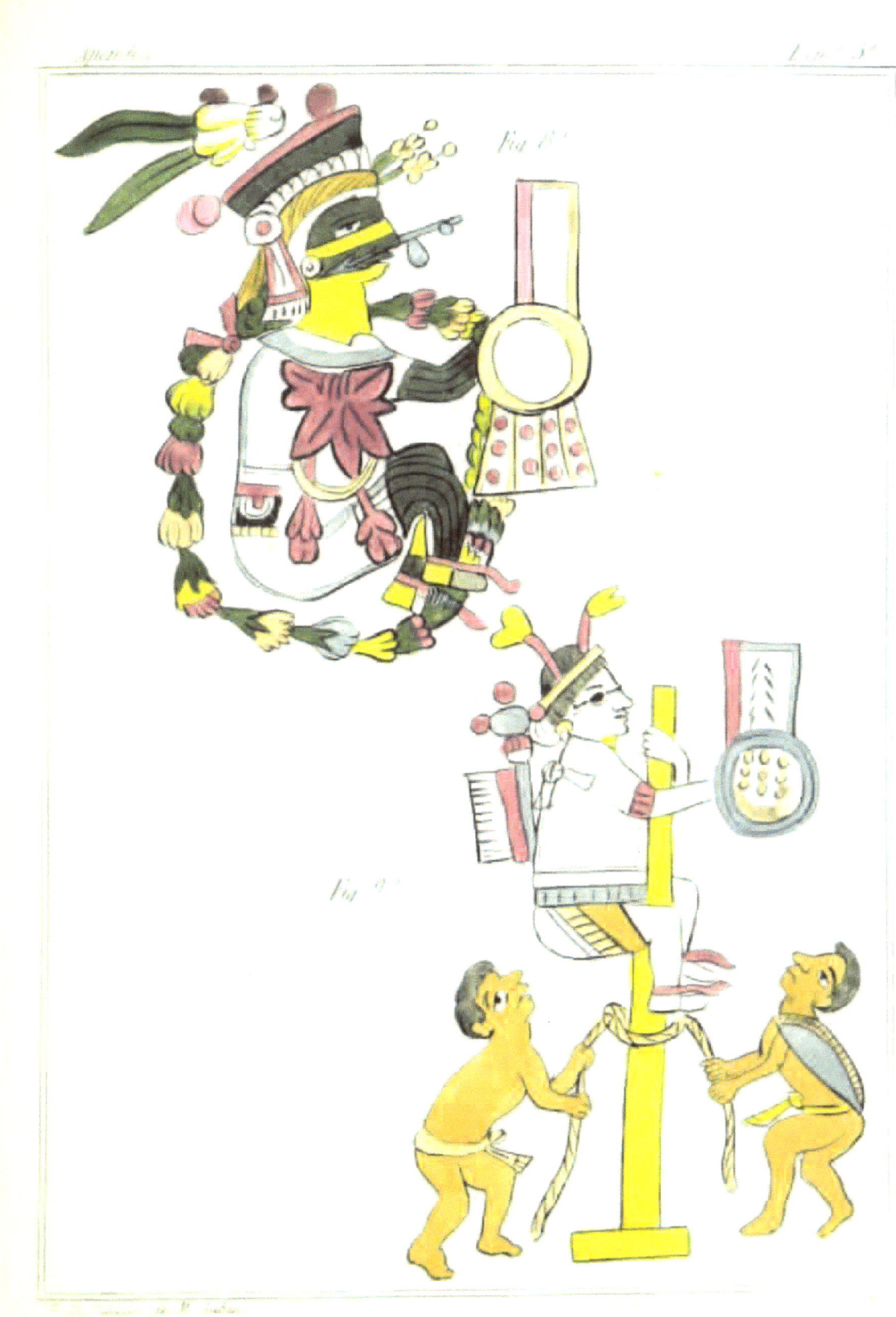

Fig. 8.ª

Fig. 9.ª

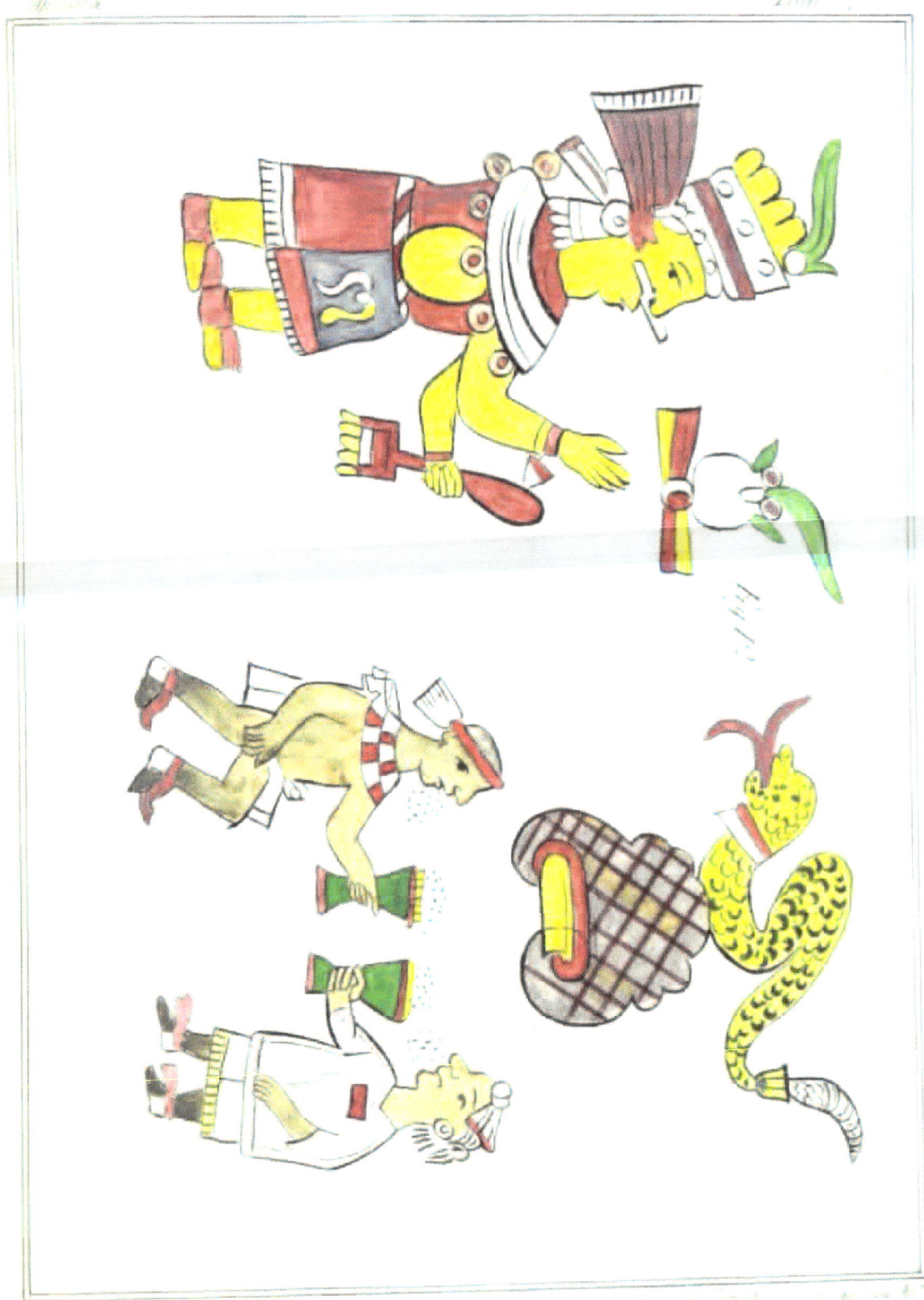

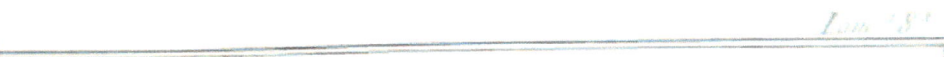

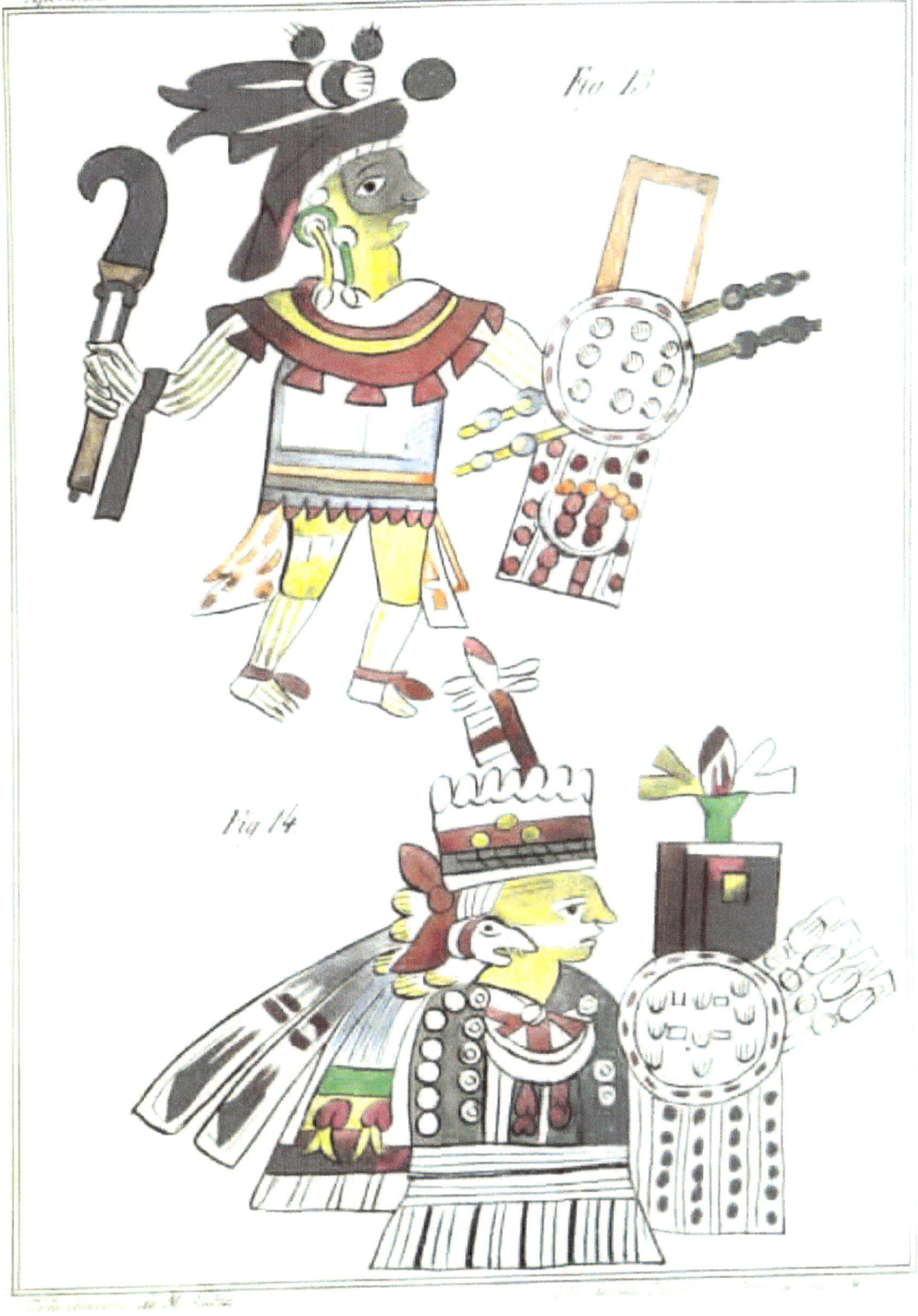

Fig 13

Fig 14

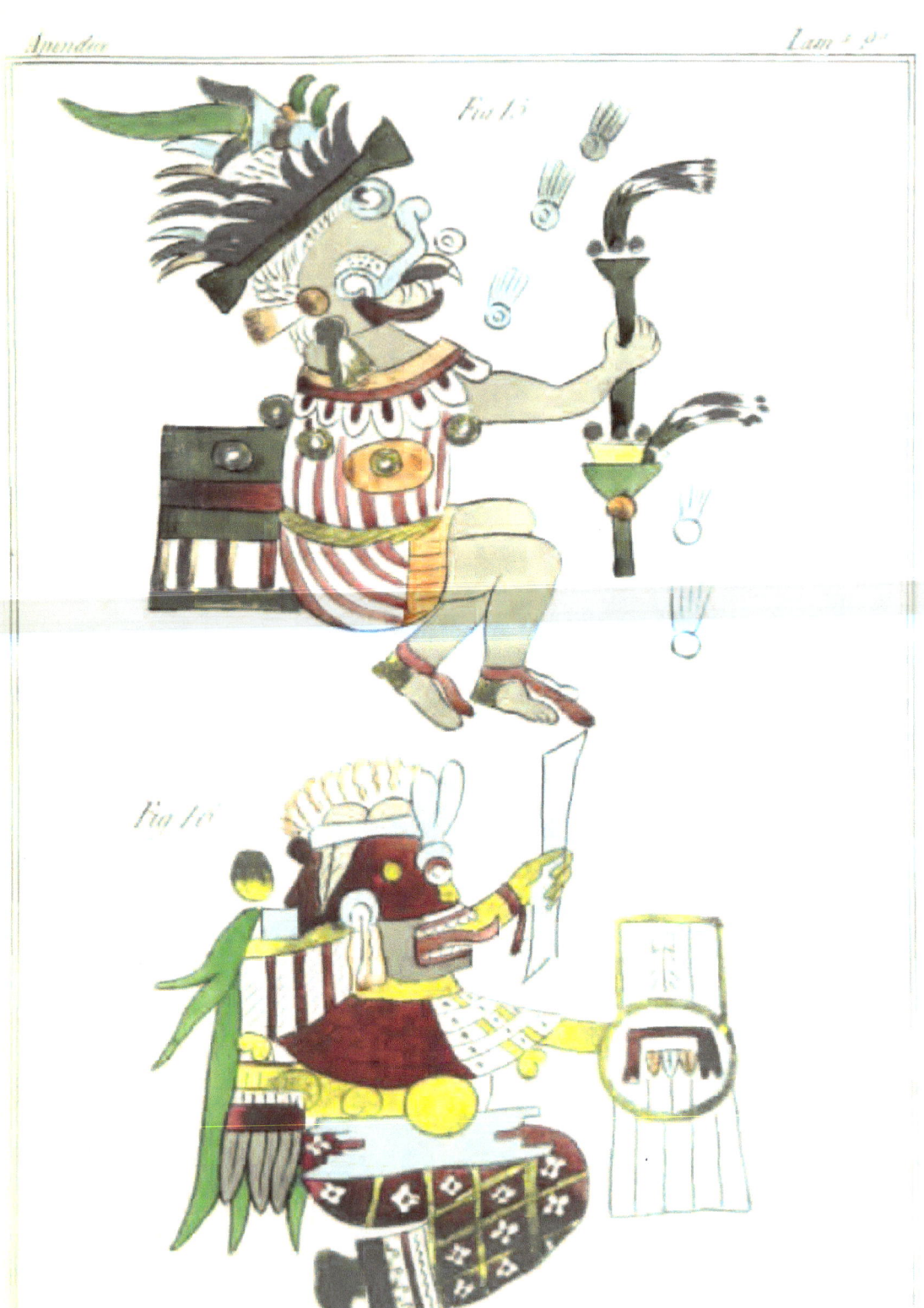

Fig. 15.

Fig. 16.

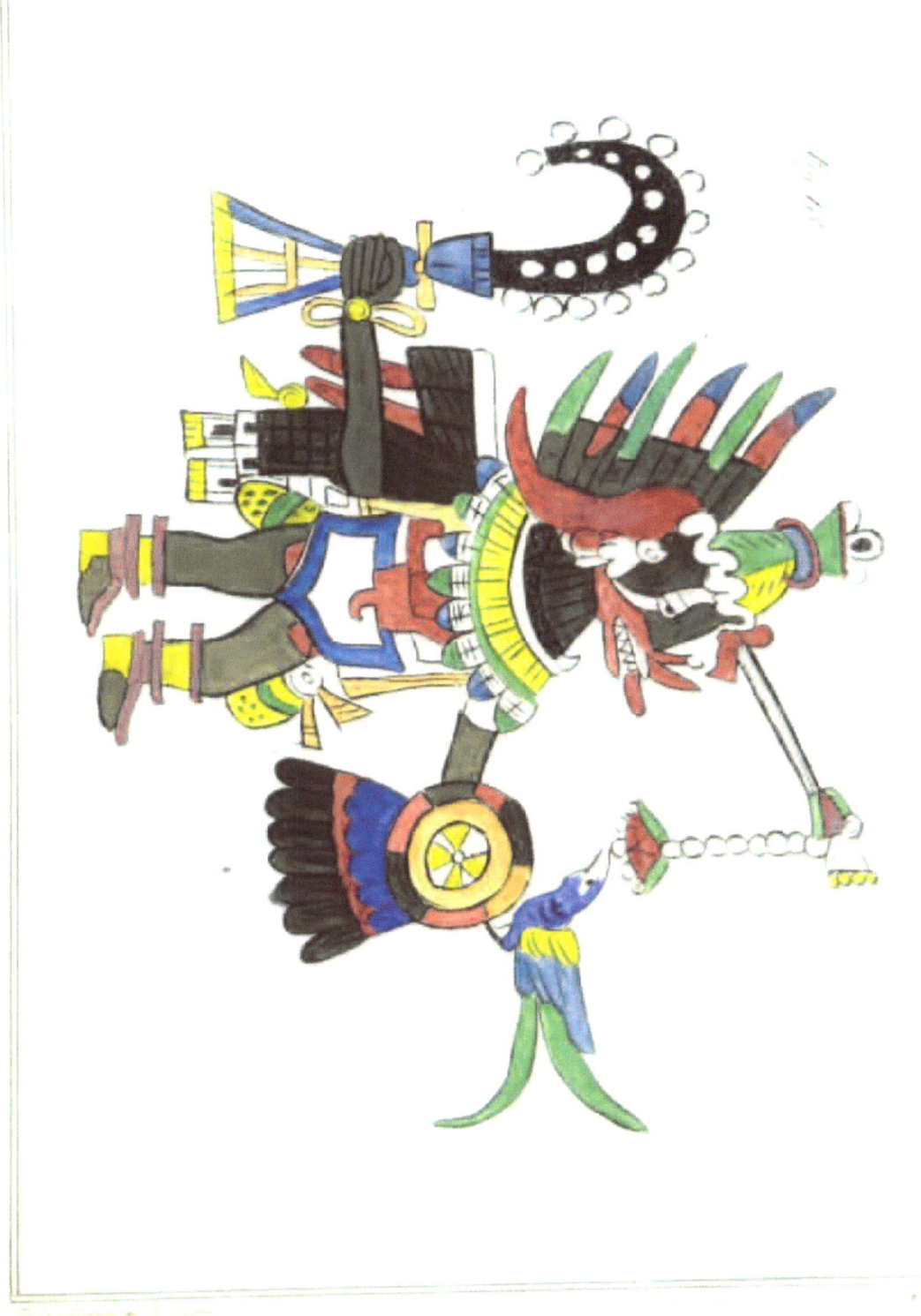

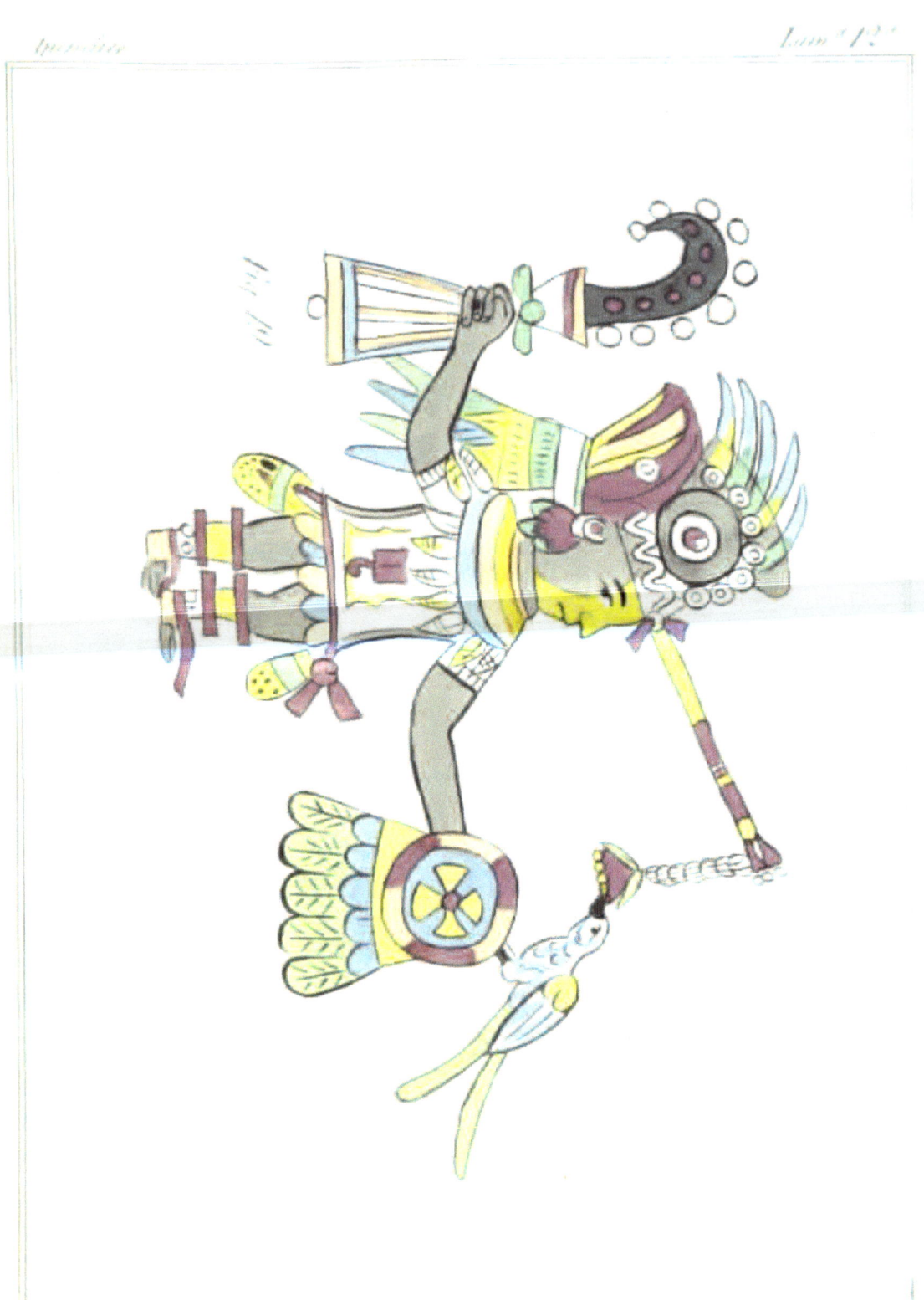

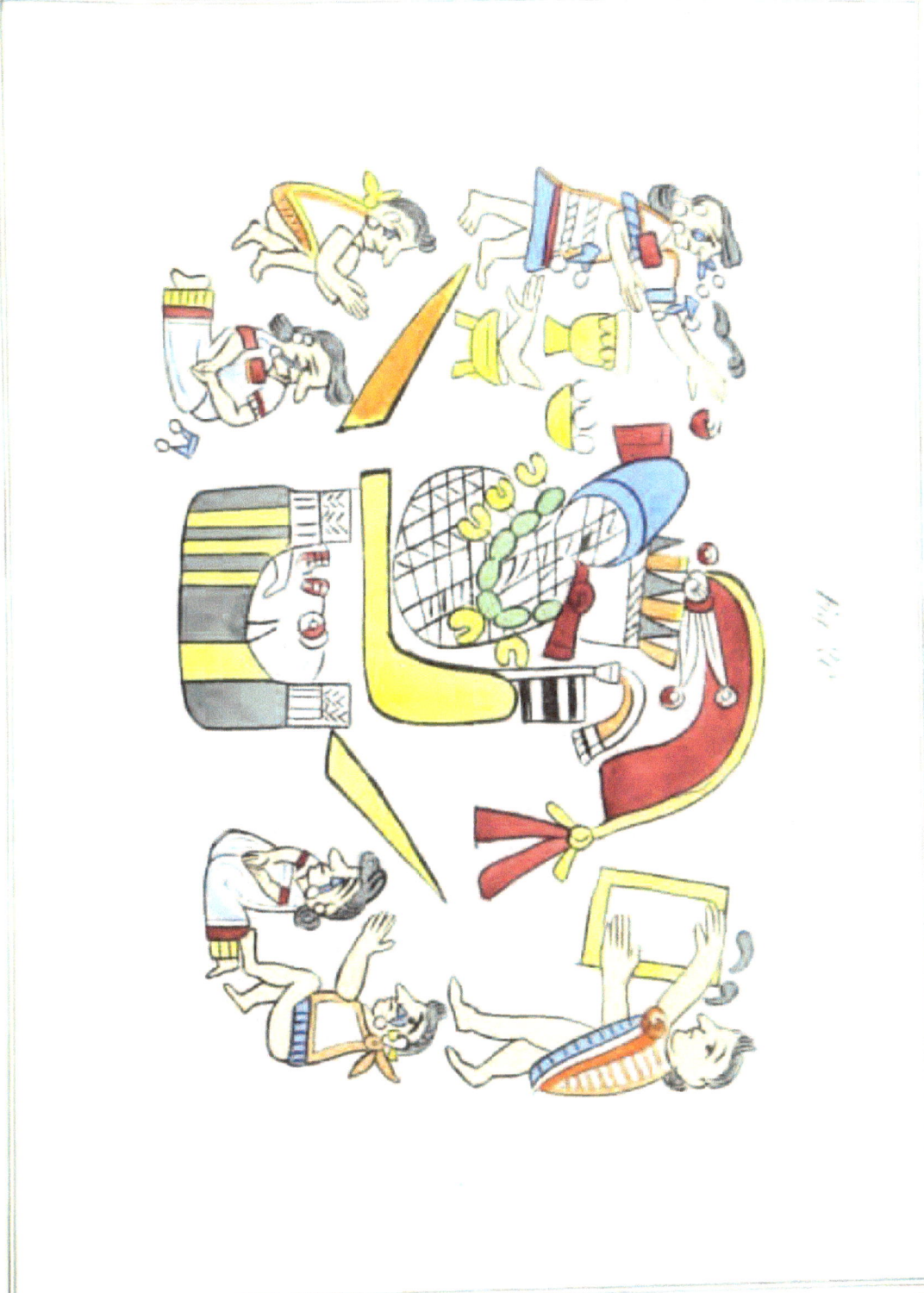

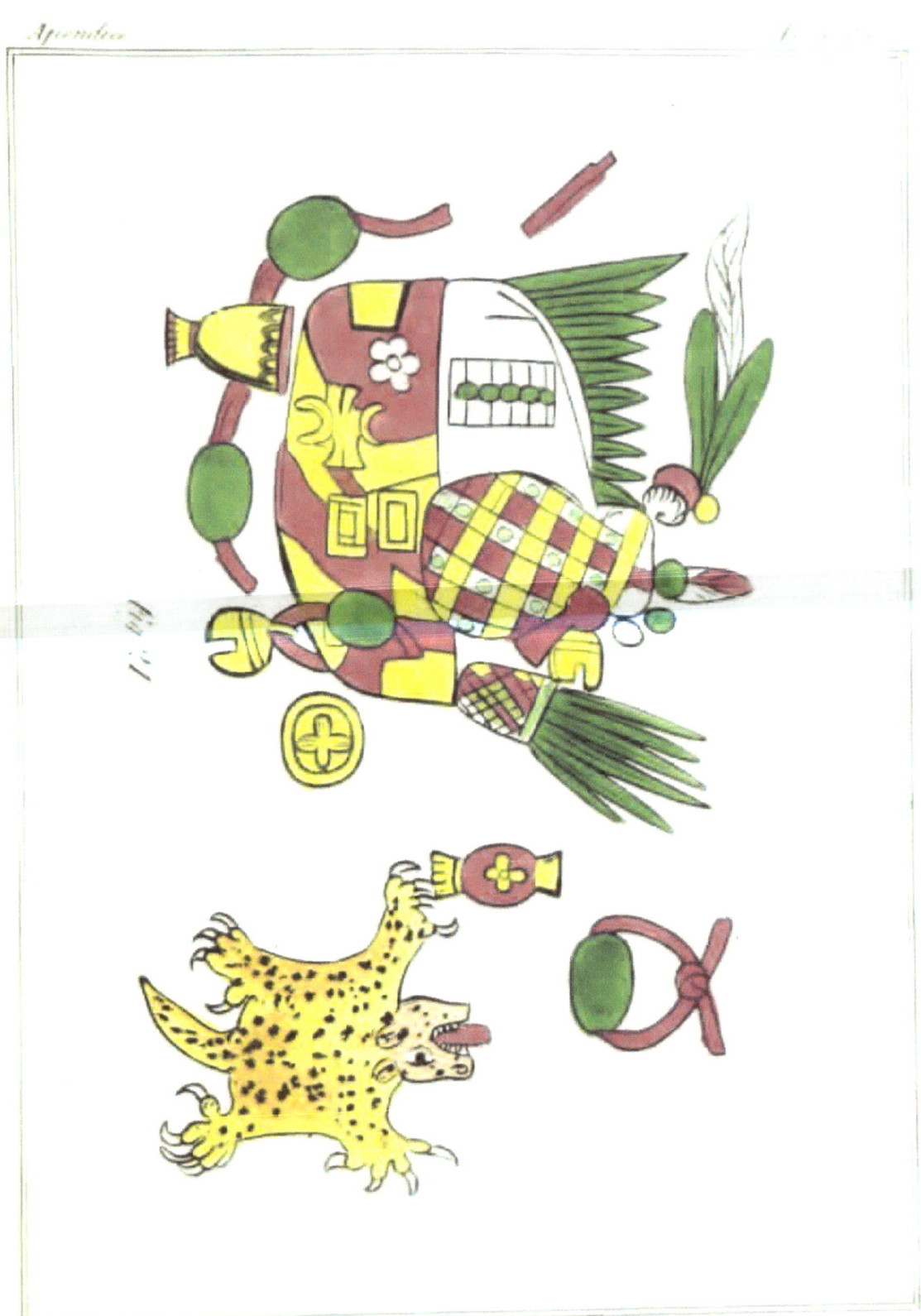

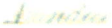

Fig.ª 22

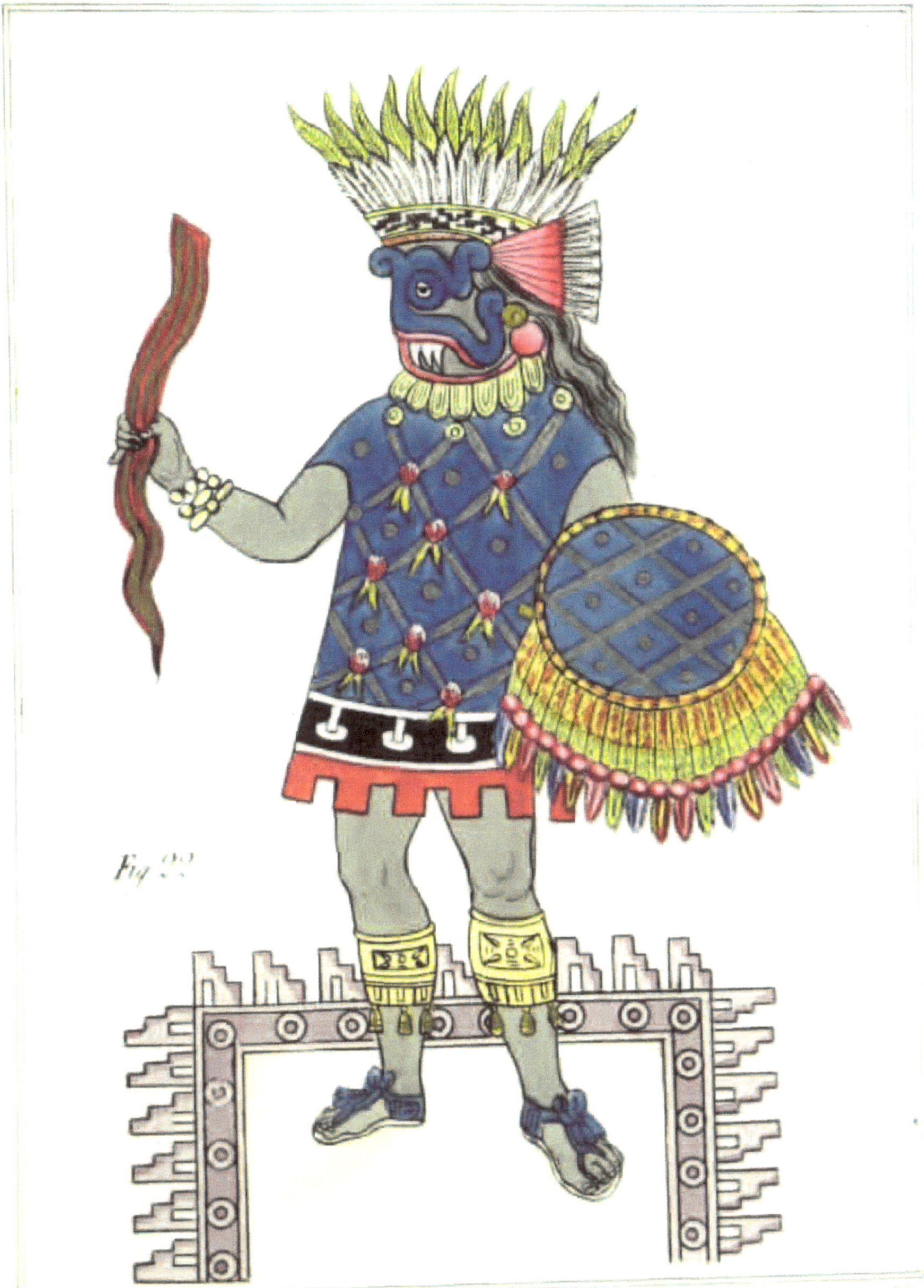

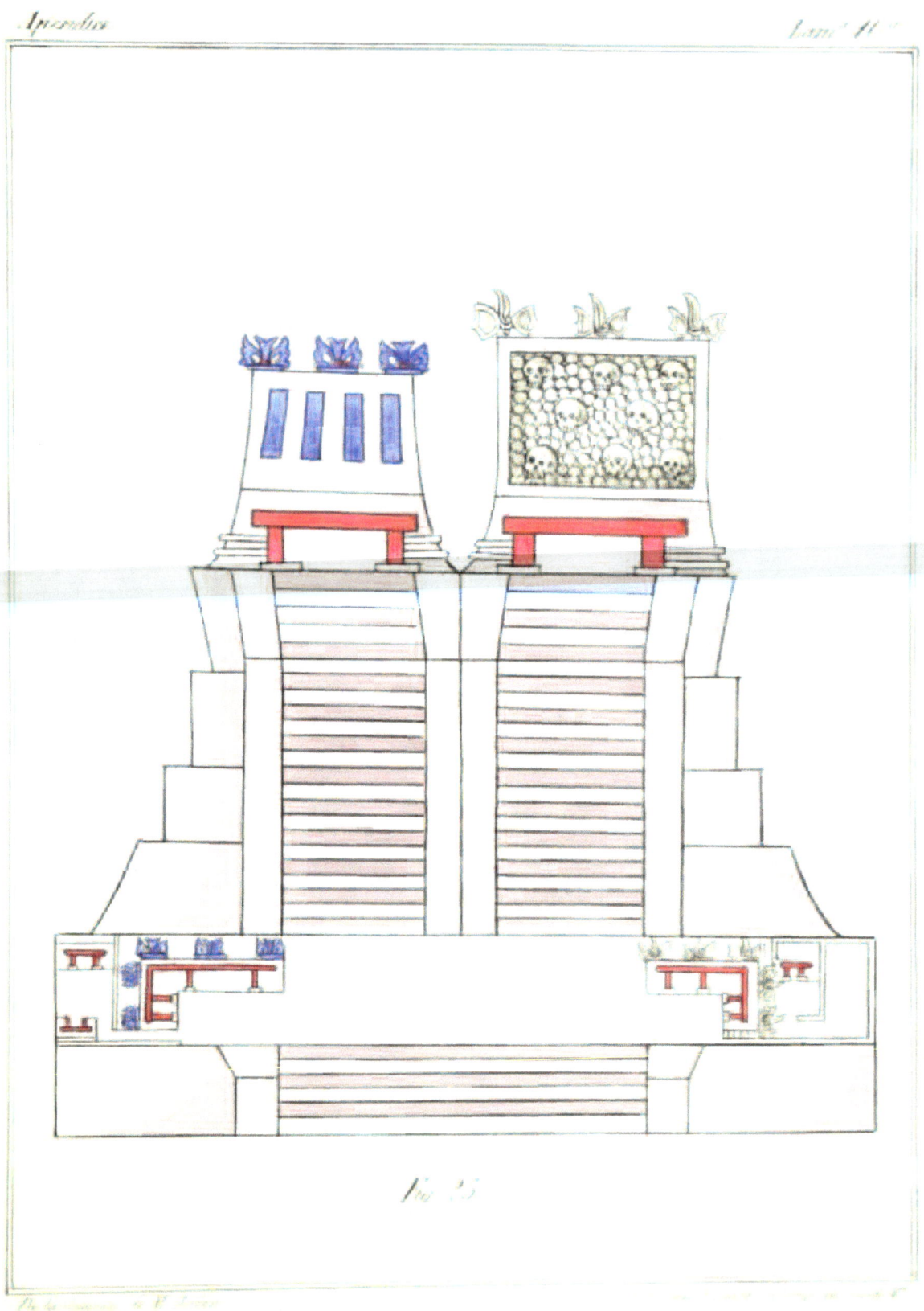

Fig 25

www.ingramcontent.com/pod-product-compliance
Lightning Source LLC
Chambersburg PA
CBHW050857180526
45159CB00007B/2704